포스트제국의
통일정체성

한국과 중국의 비교

Post–Imperial Unification Identity
A Comparison of Korea and China

지은이

채지혜 蔡智惠, Chae Ji-hye

한림대학교 일본학연구소 HK연구교수로, 한림대학교 중국학과 학사 및 한양대학교 국제학대학원 중국학과 석사과정을 마치고 중국 칭화대(Tsinghua University)에서 정치학 박사학위를 받았다. 주요 경력으로는 국립외교원 외교안보연구소 중국연구센터 연구원으로 재직하였으며, 현재 한반도 및 동아시아 국제관계의 상호작용과 정체성에 중점을 둔 연구를 진행하며, 한림대학교 일본학연구소 인문한국플러스 사업단에 참여하고 있다. 또한, 동대학에서 '현대 중국정치의 정신사', '통일외교안보의 이해', '제국과 동아시아'의 교과목을 강의 중이다.

포스트제국의 통일정체성
한국과 중국의 비교

초판발행 2024년 10월 30일

지은이 채지혜

펴낸이 박성모
펴낸곳 소명출판
출판등록 제1998-000017호
주소 서울시 서초구 사임당로14길 15 서광빌딩 2층
전화 02-585-7840
팩스 02-585-7848
이메일 somyungbooks@daum.net
홈페이지 www.somyong.co.kr

ISBN 979-11-5905-971-1 93340
정가 13,000원

ⓒ 한림대학교 일본학연구소, 2024

이 책은 2017년도 정부(교육부)의 재원으로 한국연구재단의 지원을 받아 한림대학교 일본학연구소가 수행하는
인문한국플러스지원사업의 일환으로 이루어진 연구임 (2017S1A6A3A01079617)

포스트제국의

Post-Imperial Unification Identity

한국과 중국의 비교

채지혜 지음

A Comparison of Korea and China

통일정체성

일러두기

이 책은 저자의 박사학위논문인 「A Study on the Change and Division in Unification Identity after Democratization in South Korea」(2022.5)의 내용을 대폭 수정·보완하였음을 밝힌다.

오늘날 한반도와 대만해협은 동아시아의 화약고로 불립니다. 불시에 전쟁터가 될 수 있다는 이 비유적 표현이 안타깝지만, 현실임을 부정할 수 없습니다.

과학기술의 발전이 인간을 대체할 수 있는 수준에 이르렀으나, 역설적으로 인간의 의식과 가치는 더욱 중요해지고 있습니다. 분단의 역사를 되돌아보고, 현재 직면한 정체성의 위기를 어떻게 극복할 것인지에 대한 진지한 고민은 화해와 협력의 동아시아 미래를 그려나가는 데 매우 중요한 의미를 갖습니다. 이러한 문제의식에 따라 이 책은 동아시아 분단국의 마음 지도를 탐색하며, 동아시아 미래를 위한 "인간이, 인간으로부터, 인간을 위한" 사유思惟를 담고 있습니다.

포스트제국 시기의 한국과 중국은 제국주의 시대의 상흔과 현대적 도전 속에서 각각 유사하면서도 상이한 통일정체성을 형성해 왔습니다. 19세기 후반, 제국주의 열강의 침탈로 동아시아지역은 큰 변화를 겪었으며, 제2차 세계대전 후 한반도는 외세에 의해 분단되었습니다. 한편, 중국은 '하나의 중국' 원칙을 고수하며 대만과의 갈등을 지속해 왔습니다. 냉전

종식과 글로벌화로 민족과 국가의 경계가 복잡해지면서 동아시아 민중의 의식은 구심력을 잃고 정체성이 분화되고 있습니다. 이러한 현상은 통일과 분단 문제를 단순히 영토 중심의 지정학적 관점에서 접근할 것이 아니라, 포스트제국 시기 동아시아의 동상이몽을 해석하는 새로운 시각의 필요성을 제시합니다.

"나는 누구인가?" 동질성과 이질성이 공존하는 사회 속에서 우리는 끊임없이 자신의 정체성을 확인합니다. 이 책은 바로 이러한 존재론적 문제를 문화권력 차원에서 읽어내려는 시도의 일환입니다. 더 나아가, 국가와 민족의 통일 문제를 둘러싼 핵심 변수들의 상호작용에 주목하였고, "나에게 무엇이 이익이고 손해인가?"를 구별하는 정치적 정체성의 논리에 기반해 논의하고자 합니다. 정치적 정체성은 일종의 귀속감이자 정치적 행태로서 인류문화의 질서와 변화에 중대한 영향을 미치는 근원적인 개념입니다. 이 맥락에서 이 책은 통일 문제를 마주한 주요 행위 주체와 구조적 환경의 상호관계를 탐구하며, 한국과 중국의 사례 비교를 통해 새로운 연구의 지평을 열고자 합니다.

또한, 이 책은 포스트제국 시기 이념적 대립 속에서 동아시아 분단국의 통일 문제를 둘러싼 탈물질주의 가치의 확산에 주목하였습니다. 이 과정에서 나타나는 통일정체성의 변화를 가변적인 문화 현상으로 규정하였습니다. 특히, 문화권력의 관점에서 통일정체성의 변화와 분화 현상이 '하나'라는 정당성과 가치관에 어떻게 깊숙이 작용하는지를 살펴봅니다. 이는 물리적 힘에서만 비롯되지 않고, 상징적 힘을 통해 강력하게 행사된다는 사실을 보여주며, 일정한 권력을 가진 개인이나 집단이 사회 전반에 걸쳐 영향을 미치는 방식을 설명합니다.

이 책은 총 3장으로 구성되어 있습니다. 첫 번째 장에서는 '통일정체성의 개념화'를 다룹니다. 이는 동질성과 이질성이 교차하는 지점에서 나타나는 마음의 차이와 공존을 재조명하며, 통일정체성이 어떻게 변화하고 분화되는지에 대한 시각을 검토합니다. 두 번째 장에서는 '통일정체성의 변화'를 주제로, "왜 하나가 되어야 하는가?"에 대한 한국과 중국의 사례를 살펴봅니다. 여기서는 한국의 민족공동체통일방안과 중국 본토의 일국양제가 정치적 정당성으로서의 '하나'를 어떻게 형성하고 유지하고자 하는지를 설명합니다. 마지막으로, 세 번째 장에서는 '통일정체성의 분화'를 주제로, 그럼에도 "왜 하나가 되기 어려운가?"를 한국과 대만의 사례를 통해 젊은 세대의 인식 변화와 새로운 가치관으로서의 '하나'가 오늘날 무엇을 의미하는지 고찰합니다. 이를 통해 동아시아의 통일 문제를 다양한 관점에서 깊이 있게 이해하고, 궁극적으로 현대 동아시아 갈등을 극복해 나가는 데 기여하는 미래지향적 동력을 발견하고자 합니다.

끝으로, 박사학위를 마치고 모교로 돌아와 동아시아 연구를 마주할 수 있게 도와주신 서정완 소장님께 진심으로 감사드립니다. 연구자의 큰 본보기를 보여주시며, 제가 신진연구자로서 발돋움할 수 있도록 따뜻한 격려와 따끔한 일침을 아끼지 않으신 덕분에 이 책을 집필할 수 있었습니다. 늘 곁에서 귀중한 자양분이 되어주시는 한림대 일본학연구소의 모든 연구진 분들에게도 진심으로 감사드립니다. 그리고, 무엇보다 이 책이 출간될 수 있도록 적극 지원해주신 소명출판 박성모 대표님과 이선아 편집자님을 비롯한 직원분들의 헌신과 노고에 깊은 감사의 인사를 전합니다.

동아시아지역 각국에서 서로 다른 언어와 온도로 평화를 논하는 정체성의 차이와 갈등 속에서도, 이 책이 서로 다른 관점과 이해를 엮어내며, 학문적 논의를 더욱 풍부하게 하는 작은 밑거름이 되기를 진심으로 바랍니다. 감사합니다.

2024년 10월

채지혜

차례

제1장

통일정체성의 개념화

동질성과 이질성의 교차점에서

포스트제국 시기의 한국과 중국은 각기 다른 통일정체성을 지니고 있으며, 이는 주권 국가로서의 존재와 유지 방식에 대한 논리적 차이가 서로 다른 질서를 형성하는 기반이자 정당성을 나타낸다. 이를 바탕으로 이 책은 현대 동아시아 질서를 '동아시아 대분단체제'로 정의하고, 한국과 중국을 두 개의 '소분단체제'로 간주하여 동아시아 민중에 초점을 맞추고 있다.

'동아시아 대분단체제'는 이삼성 교수께서 제시한 개념으로 동아시아 국제질서의 특성을 조망하며, 두 개의 다른 분단 시스템 내 상호작용적 결합체를 설명한다. 이 개념에 따르면, '동아시아 대분단체제'는 두 개의 '소분단체제'를 내포하는데, 한반도에서의 남북 분단, 그리고 대만해협 사이에서 중국 민족의 분열이 그것이다.[1] 특히 체제론적 관점에서 제국주의와 대분단체제에 고통받는 동아시아지역과 민중에 주목하고, 동

---

[1]   보다 자세한 내용은 이삼성 교수의 저서인 『동아시아 대분단체제론』을 참고할 수 있다. 이삼성, 『동아시아 대분단체제론』, 한길사, 2023.

아시아 현실과 미래 사이의 연관성을 깊이 있게 논의한다.

오늘날 동아시아 국제관계의 맥락에서 볼 때, 한국과 중국은 모두 분단국으로서 통일을 국가적 과제로 삼고 있다는 근본적인 공통점을 지닌다. 그러나 분단이 고착화되고 이데올로기적 갈등이 국제질서의 변화와 맞물려 동아시아 민중의 의식은 점차 구심력을 잃고 정체성이 분화되고 있다. 이러한 현상은 통일과 분단 문제를 단순히 영토 중심의 지정학적 관점에서만 접근할 것이 아니라, 동아시아 민중의 인식 변화에 주목해야 하는 이유를 제시한다.

물론 통일 문제에서 영토 통제의 중요성은 지정학과 밀접하게 연결되어 있으며, 이는 통일론 논의에서도 예외가 아니다. 전통적으로, 통일에 관한 논의는 민족 국가 건설, 국가 안보, 국력 증대와 같은 지정학적 요소들을 중심으로 이루어졌다. 그러나 분단 상태가 장기화됨에 따라 국가주의나 민족주의적 가치에 대한 회의가 증가하면서, 개인의 가치관을 우선하는 경향이 확산되었고, 통일 논의도 전통적 지정학적 관점에서 점차 멀어지기 시작했다. 이는 새뮤얼 헌팅턴이 『문명충돌론』에서 경고했듯이 탈냉전과 더불어 문화적 정체성에 기반한 갈등과 충돌이 생길 수 있다는 사실의 연장선상에서 이해할 수 있다. 따라서 통일 문제는 개인의 인식과 가치 변화를 중심으로 고찰되어야 함을 간과해서는 안 될 것이다.

이와 관련, 칭화대 자오커진趙可金 교수는 21세기를 상호모순적이고, 상반운동이라는 이중의 힘이 함께 하는 과정이라고 지적하였다. 그 주요 특징 중 하나는 '분열'이고, 또 다른 하나는 '통일'이라는 것이다.[2] 전통지정학과 대별되는 점에 대해서는 글로벌시대하에 신지정학의 권력 개념이 더 많은 자원에 의해 변화하였다고 설명한다. 즉, 글로벌 발전에 따라, 만약 한 국가가 자국 민중이나 글로벌 시민들로부터 합법적 정체성으로서의 공감을 얻을 수 없다면, 그 권력은 국가 차원에서 손실을 입게 된다는 주장이다.

이와 같은 해석은 동아시아 국제정치를 지정학적 시각에서 설명해 온 기존의 과거 논리에 대한 돌파점을 제공할 수 있다. 뿐만 아니라, 대분단체제하에 동아시아 민중의 인식 변화를 가변적 요인으로 간주하며, 이를 문화권력의 관점에서 심층적으로 분석하는 데에도 충분한 설명력을 갖춘다.

"나는 누구인가?" 인간이 끊임없이 던지는 본질적인 물음이다. 정치적 정체성을 논하기에 앞서, 'Identity'의 어원을 살펴보면, 라틴어인 'idem', 즉 '같다' 또는 '동일하다'는 뜻에 기

---

2   赵可金, 「全球化时代的新地缘理论」, 『清华大学学报(哲学社会科学版)』, 2008, p.103.

원한다.[3] Identity는 그 글의 맥락에 따라 '동일성' 또는 '정체성'으로 번역된다. 따라서 '정체성' 역시 이러한 '동일성'에 근거하여 개인, 집단, 국가 등 다양한 차원에서 논의 가능하다. 가령, 국가정체성state identity은 국가 구성원들이 느끼는 소속감, 일체감, 동질의식 등을 말하며, 이는 민족정체성national identity, 공동체정체성community identity과 같은 범주에서 각각 애국심, 인종, 규범 등의 요인에 근거하여 나타난다.[4] 이렇듯 오늘날 사람들은 '동질성'과 '이질성'이 공존하는 사회 집단 속에서 끊임없이 자신이 누구인지 되물으며, 처해진 구조적 환경과 상호작용하고, 또 그렇게 그 삶을 영위해 나간다. 이 글은 바로 이러한 존재론적 문제에서 출발했다.

이러한 시각에서 이 책은 국가 / 민족 통일 문제를 둘러싼 핵심 변수들의 상호작용에 주목하고, "무엇이 이익이고 손해인가?"를 판단하는 정치적 정체성의 논리에 기초해 살펴보고자 한다. 정치적 정체성은 일종의 귀속감이자 정치적 행태로서 인류문화의 질서 및 변화에 중대한 영향을 미치는 근원적

---

3   Gleason, Philip., "Identifying Identity : A Semantic History", *The Journal of American History* 69, No.4, 1983, pp.910~931.

4   박종철 외, 『통일 이후 국가정체성 형성방안 – 이론과 사례연구 중심』, 통일연구원, 2015, 4~5쪽.

개념이다. 즉 통일 문제를 마주한 주요 행위자들의 심리 기제, 그리고 그 상호관계에 주목함으로써 새로운 연구 가치를 발견할 수 있다.

기존 연구 중 '정체성' 개념에 기초한 백학순은 '통일정체성' 개념을 제시하고, 통일정책 환경구조과 통일정책행위주체간 상호작용 산물로 해석하였으며, 한국의 대북의식과 민족의식을 주요 지표로 삼아 분석한 바 있다.[5] 통일연구원에서는 '통일국가정체성' 개념을 제시하고, 이를 '국가정체성'에 기초해 미래의 새로운 통일 국가에 대해 (정치공동체의 구성원으로서) 남북 주민이 느끼는 소속감 또는 집단의식이라 정의하였다.[6] 그 밖에도, 양안관계의 사례로서 대만 학자 쉬칭徐青은 '통일국가정체성' 개념을 제시하고, 양안민심융합의식两岸民心融合意识이 중국의 정치적 정체성으로서 통일의 주요한 동학이라고 정의하였다.[7]

정체성의 렌즈를 통해 바라본 통일 문제는 각 개인의 사회문화적 배경, 가치관, 그리고 역사적 경험을 통해 형성된 주관

---

5   백학순, 『박근혜정부의 대북통일정책 – 역대 남한정부의 대북통일정책과 비교』, 세종연구소, 2018.

6   박종철 외, 『남북한 주민의 통일국가정체성 인식조사』, 통일연구원, 2016.

7   徐青, 「对当前岛内民众国家统一认同状况研析」, 『台湾研究』, 2018.

적인 인식과 감정이 얽힌 복잡한 문제로 이해할 수 있다. 렌즈는 단순한 광학 도구가 아니다. 빛이 렌즈를 통과할 때, 다양한 각도와 방향에서 오는 수많은 빛줄기들이 한데로 모아지면서 이미지를 형성한다. 이렇게 형성된 이미지는 렌즈의 고유한 특성과 구조, 그리고 카메라 설정에 따라 왜곡이나 변형이 발생할 수 있다. 우리가 보는 모든 것은 저마다 다른 눈의 렌즈를 통해 인식되며, 이 과정에서 개개인의 경험, 감정, 그리고 인식 및 행태가 결합되어 저마다 다른 시각을 형성한다. 렌즈를 통해 보는 세상은 단순히 물리적인 현실을 반영하는 것이 아니라, 그 안에 포함된 각기 다른 개인의 주관적인 인식체계를 비롯한, 사회문화적 배경까지도 함께 담고 있는 것이다.

이에 따라 이 책은 포스트제국 시기 이념적 대립 속에서 동아시아 분단국의 통일 문제를 둘러싼 탈물질주의 가치의 확산에 주목하였고, 이 과정에서 나타나는 통일정체성의 변화를 가변적인 문화 현상으로 규정하였다. 또한, 하나의 접근으로서 문화권력의 관점에서 볼 때, 정체성의 변화는 문화권력이 일상생활의 관습과 풍속, 사상과 종교, 그리고 정치와 경제적 구조를 통해 깊숙이 작용하면서 발생한다.[8] 이러한 문화권력은 민중의 의식 변화에도 큰 영향을 미치며, 특히 이념적 대립과 탈물질주의의 확산이 결합됨에 따라 민중의 정체성과 의식이 어떻게 변화하는지를 중요하게 다룬다. 이는 문화권력이 단순히 물리적 힘에서만 비롯되지 않고, 상징적인 힘을 통해 강력하게 행사되는 사실을 잘 보여주며, 일정한 권력을 가진 개인이나 집단이 사회 전반에 걸쳐 영향을 미치는 방식을 설명한다.

상술한 바와 같이, 포스트제국 시기 한국과 중국은 각각 독특한 '소분단체제'로서 통일을 국가적 과제로 삼고 있으며, 이는 동아시아 전체의 사회적, 정치적 동학에 깊은 영향을 미치고 있다. 동아시아 민중의 의식과 정체성은 지속적으로 변화하고 분화되고 있으며, 이는 각 개인의 역사적 경험과 사회문화적 배경에 깊이 자리하고 있다. 이 책은 이러한 통일 문제를 둘러싼 핵심 변수들과 그 상호작용을 조명하며, 통일정체성의 변화를 문화권력의 영향하에 있는 가변적인 문화 현상으로 파악한다. 이 과정에서, 통일론이 단순히 지정학적 또는 이념적 관점을 넘어서, 개인의 인식과 가치 변화를 중심

---

8   문화권력은 가시적이거나 비가시적인 방식으로, 때로는 강제적이거나 유화적인 방식으로 사회 구조와 개인의 일상에 침투하여 지배질서를 구축하고 사회 및 문화 전반을 변화시키는 권력의 총체이다. 보다 구체적인 설명은 서정완 교수의 논문을 참고할 수 있다. 서정완, 「제국일본의 문화권력 연구 – 近代能樂史와 植民地能樂史를 넘어서」, 『일본학보』 제100호, 2014, 115~133쪽.

으로 재고찰되어야 함을 강조한다. 이로써 통일을 둘러싼 복잡한 문제들을 보다 깊이 있게 이해하고 접근하는 데 기여할 것이다.

1. 마음의 차이

1) 정치적 정체성

"인간은 본성적으로 정치적 동물이다"라며 아리스토텔레스Aristoteles가 남긴 말처럼 정치는 국가에서 희소자원의 권위적 배분을 둘러싼 활동에서 나타나며, 이러한 과정은 사회를 통합하거나 유지하기 위한 인간의 활동으로 간주한다. 통일 문제 역시 사회적 공공권위를 연구하는 활동범위에서 정치의 논리에 기초하여 해석할 수 있다.[9] 저자는 이러한 정치적 접근

---

9   Karl W. Deutsch의 정의에 따르면, '통합(integration)'은 부분들로써 전체를 만드는 것으로, 서로 분리되어 있던 단위들을 통일성 있는 체계(coherent system)의 구성요소로 만드는 것이다. 그에 따르면, '통합'은 한 집단의 구성원들이 특정 지역 내에서 자신들의 문제들을 평화적으로 해결할 수 있다는 신뢰를 오랜 시간 동안 유지할 수 있는 공동체의식, 체계, 그리고 관습을 개발하는 상태로 정의할 수 있다. 이 개념은 공동체의식과 같은 주관적 요소를 기본적인 요소로 삼고 있으며, 분쟁을 평화적 방법으로 해결하려는 의지를 중요하게 여긴다. 이는 커뮤니케이션 이론(Communication theory)을 토대로 사회적 통합과 공동체 모델 건설을 추구하는 것으로, 사회심리적인 공동체의 형성으로도 해석할 수 있다. Karl W. Deutsch, et al., *Political Community and the North Atlantic Area,*

을 바탕으로 한 정치심리학 관점에서 출발하여, 사회정체성이론Social Identity Theory에서 주목하는 '정치적 정체성' 개념의 형성 논리를 중심으로 통일정체성을 개념화하고자 하였다. 정치심리학은 정치 현상을 심리학 관점에서 설명하는 학문이다. 정치는 인간의 복잡한 상호관계 및 행위 중 하나로, 심리학을 통한 정치 현상 분석은 비교적 높은 설명력을 갖는다. 심리학과 국제정치학을 접목시켜 설명한 바 있는 홀스티Ole Holsti는 '적의 이미지images of enemy'라는 주제로 냉전 초기 미국의 외교정책을 분석하였는데, 이때 바로 '심리적 요인'에 초점을 맞추었다.[10] 가령, 문재인 정부의 통일정책을 파악하기 위해 인권변호사 출신인 그의 부모가 실향민이라는 배경[11]은 정치심리학 관점에서 볼 때 배제할 수 없는 요인이라 할 수 있다. 이렇듯 개인의 내재적인 면에 주목하고 분석하는 정치심리학 관점은 개인과 사회가 긴밀한 관계를 맺고 있는 현상을 설명하는 데 유용하다. 아울러, 어떠한 정치 현상에 대한 태도는 일반적으로 '여론'을 통해 표출되는데, 예컨대 2019년 일본

Prenceton : Orinceton University Press, 1957, p.5; Karl W. Deutsch, *The Analysis of International Relations*, 2nd ed., Englewood Cliffs : Prentice-Hall, 1978, pp.198~209.

10   Holsti, Ole R., "Cognitive Dynamics of images of Enemy", *Journal of International Affairs* 21(1), 1967, pp.16~39.

11   문재인, 『문재인의 운명(특별판)』, 북팔, 2017, 106~109쪽.

아베 정부가 한국을 화이트리스트^{수출우대국}에서 배제하는 조치를 발표한 이후 한국 사회에서 'NO재팬' 불매운동이 확산되었던 것 역시 이러한 맥락에서 설명 가능한 것이다.

사회정체성 이론은 인간 사회에서 필연적으로 발생하는 '내집단^{in-group}'-'외집단^{out-group}' 구분에 초점을 맞춘다. 그리고 개인이 한 집단의 구성원으로서 다른 집단과의 상호작용 관계 시 내집단과 외집단의 구분이 발생한다고 주장한다. 즉 자신이 속해 있는 집단에 대한 '내부집단에 대한 편애^{in-group favoritism}'로 인해 상대적으로 긍정적인 태도를 갖게 되고, 반대로 자신이 속하지 않은 집단에 대한 '외부집단에 대한 차별^{out-group discrimination}'로 인해 상대적으로 부정적인 태도를 보인다는 것이다.[12] 요컨대, 사회정체성 이론은 '자기범주화^{self-categorization}'를 통해 내가 속하지 않은 외집단에 대한 차별인식을, 또 내가 속한 내집단에 대한 편애인식을 갖는 정체성을 형성하게 된다는 것이다.

이러한 논리적 배경에 따라 '정치적 정체성'은 사회정체성의 한 형태이자 사회문화 영향의 결과[13]로서 공공정치활동

---

12   Tajfel, Henri., "Social Psychology of Intergroup Relations", *Annual Review of Psychology*, 33(1), 1982, p.8.

13   Nisbet, E. C.·Myers, T. A., "Challenging the state : Transnational TV and political

중 표출되는 정치적 행위라고 정의할 수 있다. 여기서 사회문화 영향은 개인행위 주체과 그 개인이 속한 사회 구조가 서로 영향을 주고받으며 형성되는 것으로, 개인의 가치관, 신념, 행동 양식 등이 사회 구조와의 상호작용을 통해 형성되는 과정을 의미한다. 그리고 심리와 행위, 크게 두 차원에서 태도와 감정 등으로 나타난다. '정치적 정체성'은 그 형태 또는 정도에 따라 공론을 실현할 수도 있고, 그 반대가 될 수도 있다. 왜냐하면 개인의 (정치심리적) 표출이기에 내집단에 이익이 되는 측면에서 인식하는 경향이 높기 때문이다. 따라서 '정치적 정체성'의 형성 과정을 이해하기 위해서는 개인의 주관적 특성에 주목할 필요가 있다.

물론 개인의 특성만으로 명확하게 설명하기 어렵다. 그럼에도 불구하고, 정체성을 구분하는 '기준'에 대한 이해를 바탕으로, 행동, 태도, 그리고 가치관에 대한 의미를 설명할 수 있다.[14] 그러한 점에서 '정치적 정체성'은 특정 현안과 관련된 정치, 사회적 환경, 역사 맥락 속에서 발생하는 의식 구조에 매우 중요한 영향을 미치는 논리라 말할 수 있다.

identity in the Middle East", *Political Communication* 27(4), 2010, pp.347~366.
14   Huddy, Leonie., "From Social to Political Identity : A Critical Examination of Social identity Theory", *Political Psychology* 22(1), 2001, p.150.

더 나아가, 스티븐 라이처Stephen Reicher는 '정치적 정체성'을 기존의 '지배Domination', '저항Resistance', '변화Change', 이 세 단계로 이어지는 맥락에서 해석하였다.[15] 즉 개인이 처한 정치, 사회 환경 속에서 기존 지배 환경에 대한 저항을 하며 '자기 범주화'를 설정하고, 이것이 바로 정체성의 변화로 이어진다는 주장이다. 여기서 말하는 '지배'와 '저항'이란, 각각 '원생론essentialist-primordial'과 '도구론constructivist-post modernist'에 입각하여 다시 해석할 수 있다.

먼저, '원생론'은 정체성을 고정된 존재로 간주하고, 혈통, 역사, 언어 등과 같은 본원적 요소들을 고유한 특성으로 설명한다. 반면에, '도구론'은 정치권력, 경제적 자원과 같은 핵심적인 특성을 지닌 요소로 설명한다.[16] 즉 정체성은 근원적으로 '고정된 것'과 '변하는 것'이 모두 존재한다. 이로써, '원래의 것을 중시하는 정체성'과 '만들어진 것을 중시하는 정체성'이 모두 병존할 수밖에 없고, 이는 계속된 충돌이중운동로 이어지는 것이다. 이를 간단히 도식화하면 〈그림 1〉과 같다.

---

15   Reicher, Stephen., "The Context of Social Identity : Domination, Resistance, and Change", *Political Psychology* 25(6), 2004, pp.921~945.

16   Verdugo, Richard R., ed. Milne, Andrew, *National Identity : Theory and Research*, Information Age Publishing, 2016.

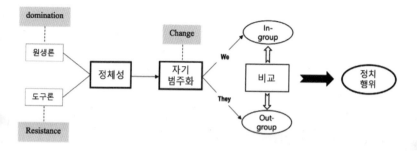

〈그림 1〉'정치적 정체성'의 형성 논리

출처 : Tajfel·Turner(1979), Stephen Reicher(2004),
Peter J. Burke·Jan E. Stets(2009)의 주장을 종합하여 저자가 재정리함

　요컨대, '정치적 정체성'은 정치심리학 및 사회정체성 이론의 범주에 따라 본질적으로 자신이 속한 집단^{내집단} 및 내집단 내 구성원에 대해서는 긍정적 태도를 보이고, 반대로 자신이 속하지 않은 집단^{외집단} 및 외집단 내 구성원에 대해서는 부정적인 태도를 보이는 인간의 정치심리적 표출이라 할 수 있다. 다시 말해 '자기범주화'를 통한 '비교'를 거쳐 정치 행위를 전개하는데, 여기서 말하는 정치 행위란, 상술한 바와 같이 정치적 심리의 표출로서, 이를테면 통일에 대한 무관심한 태도 또는 현 상태를 선호하는 경향 등으로 이어질 수 있다는 것을 의미한다.

　물론 위에서도 언급했듯이 인간의 심리적 특성을 명확히

파악하는 것은 간단한 일이 아니다. 이는 인간의 복잡성 때문에 그렇다. 그렇지만, 우리가 속한 집단에는 긍정적 감정을, 타 집단에는 부정적 감정을 갖게 되는 것은 인간의 본질적인 특성 중 하나로 볼 수 있다. 이러한 관점에 기인하여, 각 개인의 사회문화적 배경, 가치관, 그리고 역사적 경험을 통해 형성된 주관적인 인식과 감정이 복잡하게 얽혀, '정치적 정체성'을 구축함을 이해할 수 있다. 더 나아가, 한 국가 및 사회의 다양한 인식상의 특성을 근본적으로 이해하는 데 유용한 잣대가 된다.

2) 동질성과 이질성

'동일성을 기준으로 한 정체성'은 타인을 따뜻하게 포용할 수도 있지만, 그만큼 단호히 배제할 가능성 또한 존재한다.[17] 아마르티아 센의 지적과 같이, 특정 대상과의 유사성을 중시할수록 그 대상에 대한 포용적 태도를 보이고, 반면에 해당 대상과의 이질성을 중시할수록 그 대상에 대한 배타적 태도를 보이게 되는 것으로 해석할 수 있다. 또한, 에릭슨Erikson, F.H에 의하면, 정체성에는 두 가지 속성이 있다. 하나는 자신만의 고유한 특성을 계속 유지하려는 속성이 있고, 다른 하나는 어

떠한 특성을 다른 사람과 함께 공유하려는 속성이 있다.[18]

이를 문화 관점에서 바라본 프랑스 철학자 프랑수아 줄리앙François Julien은 '동일성을 기준으로 한 정체성'이 '융합과 분리', '탈동일화와 재동일화', '순응과 저항'을 겪는 이중운동에 의해 작동한다고 설명하였다. 그에 따르면, 이렇게 작용과 반작용을 거치며 계속 변화하는 것이 문화의 고유성이고, 변화하지 않는 문화는 죽은 문화라는 것이다.[19] 인류 역사에서 개인은 자신이 속한 사회와 갈등을 겪으며 변화하고, 이에 따라 정체성도 분열하거나 통합된다는 의미[20]로 해석할 수 있다.

현재 두 개의 동아시아 소분단체제로서 한국과 중국은 각각 '정치적 정체성'의 저울질 속에서 '동질성'과 '이질성'이 서로 맹렬히 부딪히고 복합적으로 혼재되어 있다. 실제로 남과 북은 광복 직후 분단되어 서로 다른 체제 아래 70년 이상을 보내면서, 남북 간 차이는 점점 뚜렷해졌다. 한민족의 공통적인 특성이 여전히 존재하지만, 실질적으로 정치, 경제 및 생

---

17 아마르티아 센, 이상환·김지현 역, 『정체성과 폭력』, 바이북스, 2020, 33쪽.

18 Erikson, F.H., *Identity and the Life Cycle*, New York : International University Press, 1959, p.109.

19 프랑수아 줄리앙, 이근세 역, 『문화적 정체성은 없다』, 교유서가, 2020, 131쪽.

20 Fukuyama, Francis., *IDENTITY : The Demand for Dignity and the Politics of Resentment*, New York : Farrar, Straus and Giroux, 2018.

활수준, 언어와 가치관 등 많은 영역에서 심각한 차이와 그에 따라 수반되는 심각한 이질성이 존재하고 있다. 그리고 이러한 격차는 '마음의 차이'로 이어져 자연스럽게 한 사회 안에서 북한을 포용하려는 집단과 북한을 배제하려는 집단의 구분이 생겼다.

한편, '분할할 수 없는 총체'로 강조되는 중국의 '중화민족론'은 사회주의 이데올로기를 바탕으로 한 통합을 강조하고 있다. 그 가운데 중국 본토와 대만은 양안관계를 유지하면서도 서로 다른 정치적 체계와 사회적 가치를 공유하며 존재하고 있다. 비록 두 지역 간의 정체성 차이는 점차 명확해지고 있는 가운데, 양측 모두 중국인이라는 공통의 민족적 정체성을 가지고 있지만, 정치적 정체성에 의한 강한 이질성이 존재하며, 이는 두 체제 간의 갈등을 촉발시키고 있다. 이 갈등은 대만 내부에서도 중국 본토에 대한 다양한 태도로 나타나며, 통합 지지의식과 독립 추구의식으로 분화되고 있다.

이렇듯 시간이 지나면서 각기 다른 정치적 정체성에 따라 동태적dynamic으로 끊임없이 변화해 왔고, 그에 따른 이중운동의 결과로서 동질성보다 이질성이 우선시되는 현상이 두드러졌다.

결국 급변하는 시대 조류 속에서 새로운 유형의 힘이 등장함에 따라 이를 둘러싼 다양한 정체성이 혼재하며 통일 문제를 둘러싼 대립과 갈등 또한 갈수록 심화되었다. 이러한 흐름 속에서 서로 상반되는 이중운동이 발생하게 되었고, 점차 동질성을 중시하는 경향은 약화되는 반면, 이질성을 강조하는 경향은 더욱 커져갔다. 이는 서로 상이한 문화적 정체성에 기반한 갈등과 충돌의 맥락에서도 해석해 볼 수 있다. 즉 비국가 행위를 중심으로 새로운 유형의 문화권력이 등장하며 기존의 질서와 중첩적으로 작용하였고, 그 안에서 정체성 대립과 배타적 태도가 확산된 것이다.

2. 동질성과 이질성의 공존

1) 상호작용

이 책에서 '상호작용'은 구조와 행위주체 간 상호구성적 mutually constituted 관계로서 사회적 상호작용으로 간주한다. 기존 정의를 보면, 먼저 물리학에서 말하는 '상호작용'은 '힘권력의 관계'로서 어떠한 상태와 또 다른 어떠한 상태의 관계를 규정하는 조건을 말한다. 카를로 로벨리Carlo Rovelli는 그의 저서『모든 순간의 물리학Seven Brief Lessons on Physics』에서 의미 있는 질문을 던졌다. "우리는 그저 양자와 입자로만 만들어졌을까? 그렇다면 각자 개별적으로 존재하고 스스로를 나 자신이라 느끼는 이유는 무엇일까? 우리의 가치, 우리의 꿈, 우리의 감정은 또 무엇이란 말인가?"[21] 그의 문제의식은 오늘날 21세기 현실에 비추어 보았을 때, '상호작용'은 단순히 양자와 입자로만 구성된 것이 아니라, 세상의 주체로서 "나의 가치, 꿈, 감정은 무엇인가?"를 깨닫는 과정으로서의 의미로도 해석할 수 있다.

사회학자 미드Mead는 '상호작용'을 '주체적 자아행동의 주체'와

---

21   카를로 로벨리, 김현주 역, 『모든 순간의 물리학』, 쌤앤파커스, 2016, 116~117쪽.

'객체적 자아타인의 반응' 사이의 조화라고 설명한다. 미드의 상징적 상호작용론에 따르면, 한 개인이 타자와의 상호작용 과정에서 주격 'I주체적 자아'와 목적격 'me객체적 자아'의 두 측면을 보인다고 판단했다. 다시 말해, 자아는 태어나자마자 존재하는 것이 아니라, 사회적 경험과 그 활동 과정 속에서 비로소 등장한다는 것이다.[22] 이에 따라 자신의 정체성 역시 내적 자아와 사회적 자아라는 '상호작용' 속에서 끊임없이 재생산되며 변화한다고 본다. 이와 같이 사회학에서 말하는 '상호작용'은 정체성 형성 과정이 사회 구조 맥락에서 비롯되는 것으로 해석한다.

'상호작용'을 정체성 형성의 선제적 과정으로 보는 구성주의자들은 '구조와 행위주체'가 '상호구성적' 관계에 있다고 주장한다.[23] 이와 관련, 구성주의 대표학자인 알렉산더 웬트Alexander Wendt는 행위자의 이익interest이나 정체성identity은 주어지는 것이 아니라 행위자 간의 다양한 상호작용의 역사적 과정을 통해 변화하고 만들어낼 수 있다고 보았다.[24] 예를 들

---

22 George H. Mead, ed. Charles W. Morris, *Mind, self and Society*, University of Chicago press, 1934.

23 오디 클로우츠·시실리아 린치, 손혁상·이주연 역, 『구성주의 이론과 국제관계 연구 전략』, 경희대 출판문화원, 2011, 22쪽.

어, 각 개인은 일상에서 다양한 선호의 차이를 경험하면서 자신과 다른 사람들을 구분하게 되며, 이러한 인식을 바탕으로 동일한 취향을 가진 사람들끼리 모여 집단을 형성하게 된다. 이를 두고, 구성주의자들은 "사람들은 정체성을 타고나는 것이 아니라, 그것을 스스로 만들어내고 계속해서 재창조한다"고 주장한다. 이렇게 형성된 정체성은 개인과 집단의 이해관계를 지속적으로 새롭게 정의하게 된다.[25] 베네딕트 앤더슨 Benedict Anderson이 민족과 국가를 '상상의 공동체'[26]로 표현한 것 역시 구성주의 입장에 의한 공동체 구성의 논리적 맥락에서 이해할 수 있다.

구성주의자들이 '상호작용'을 '구조와 행위주체의 상호구성'[27]이라 규정함에 따라 구조와 행위주체가 상호구성된다는 존재론적 가정은 사람들이 그들의 구조적 환경에 의해 사회화된다는 의미를 내포하고, 구조와 행위주체가 끊임없이 서

---

24   Alexander Wendt, "anarchy is what states make of it : the social construction of power politics," *International Organization* 46-2, Spring 1992, pp.391~425; Alexander Wendt, *Social Theory of International Politics*, Cambridge : Cambridge University Press, 1999.

25   오디 클로우츠·시실리아 린치, 손혁상·이주연 역, 『구성주의 이론과 국제관계 연구전략』, 경희대 출판문화원, 2011, 107쪽.

26   베네딕트 앤더슨, 윤형숙 역, 『상상의 공동체』, 나남출판, 2003.

27   오디 클로우츠·시실리아 린치, 앞의 책, 21~27쪽.

로 영향을 주고 받으며 상호생성하는 사회적 구성의 관계를 말한다. 다시 말해, 행위주체는 구조를 전제로 하는 한편, 구조는 행위주체의 행위를 매개로 존재한다는 것이다.

그러한 맥락에서 보았을 때, 이 책에서 다루는 '상호작용'은 구조가 행위자의 정체성 형성에 영향을 미치는 과정으로 설명할 수 있으며, 이 과정은 '구조-행위자-정체성의 순환적 환류'라고 정의할 수 있다. 또한, 환류는 정체성이 끊임없이 재생산되는 상호교류의 과정으로 볼 수 있다.

2) 가치관

인간은 사회생활을 하면서 특정 규범을 따르는데, 이때 개인의 가치관이 중요한 판단 기준으로 작용한다. 가령, 매 순간 어떠한 것을 선호하여 선택하는 과정에서도 개인의 가치관이 크게 영향을 미친다. 따라서 인간의 행동 방향을 결정하는 가장 결정적인 요소는 각자의 가치관이라고 해도 과언이 아니다. 따라서 동아시아 민중의 통일에 대한 인식과 그 변화는 시대적 상황에 따라 변화하는 가치관에서 비롯되었다고 말할 수 있다.

일상생활에서 '가치관'이라는 용어가 흔히 사용되지만, 이 용어의 개념적 정의는 상당히 다양하다. 기존에 여러 학자들이 제시하는 가치관에 대한 정의를 살펴보면 다음과 같다. 클럭혼Kluckhohn은 가치관을 "인간관계에서 바람직한 것과 바람직하지 않은 것에 대한 일반화된 개념"으로 정의하였으며,[28] 로키치Rokeach 역시 이를 "개인적이거나 사회적으로 더 바람직한 것에 대한 견해"라고 해석했다.[29] 브라운M. A. Brown과 올포트G. W. Allport는 가치관을 각각 "상대적인 옳고 그름, 좋고 싫음에 대한 신념"[30]과 "개인의 선호에 따른 신념"[31]으로 설명하며, 이들 모두 개인의 신념체계를 중심으로 가치관을 바라보았다. 마지막으로, 윌리엄스R. M. Williams는 가치관을 "바람직함에 대한 선호에 따라 상황, 사건, 사물 등을 지칭하는 용어"[32]로 정의하면서, 사회적 맥락에서 가치관의 의미를 강조했다.

이러한 점에서 '가치관'은 인간의 마음이 나타나는 감정, 태도 등과 더불어 국가관, 통일에 대한 태도 등에 큰 영향을 주는 요소라 할 수 있다. 이는 곧 동아시아 민중의 통일에 대

---

28 C. Kluckhohn, "Values and Value Orientation in the Theory of Action," In T. Persons, and EA, ed. Sills, *Toward a General Theory of Action*, Cambridge : Havard University Press, 1961, pp.409~410.

29 R. Rokeach, *The Nature of human value*, New York : The Free Press, 1973, pp.5~10

30 M. A. Brown, "Value-A Necessary but Neglected Ingredient of Motivation on the Jop", *Academy of Management Review*, Vol.1, 1976, p.23.

31 G. W. Allport · Vernon, P. E. · Lindzey, *G. A Study of Values*, Boston : Houghto n Miffin, 1960, pp.775~784.

32 R. M. Williams, *International Encyclophedia of Social Science*, New York, 1974, p. 52.

한 마음을 파악하기 위한 중요한 측정 기준이 될 수 있다. 로널드 잉글하트Ronald Inglehart는 개인이 물질적 소유물 대신에 비물질적 가치를 강조하는 정도로 탈물질주의 사회를 규명하고자 시도하며 물질주의와 탈물질주의를 구분하였다.[33] 이에 따라 이 책은 다양한 정의를 종합하여 '가치관'을 개인의 선호에 따라 지향하는 생각 또는 행동이라고 보고자 한다. 그리고 이러한 가치관 변화의 측정은 크게 물질주의와 탈물질주의로 나타난다.

사람은 단일한 가치에 의해서만 영향을 받지 않고, 상황과 문제에 따라 다양한 가치가 작동할 수 있다. 또한 사용된 척도에 따라 동일한 조사 대상에서도 결과가 다를 수 있다. 그럼에도 불구하고, 물질주의와 탈물질주의의 가치 구분이 중요한 이유는 경제적 논리를 중시하는 물질주의와 정신적 가치를 중시하는 탈물질주의는 통일에 대한 서로 다른 인식을 형성하는 기반이 되기 때문이다. 이는 가치 변화의 맥락을 통일에 대한 관점에서, 물질주의와 탈물질주의가 미치는 영향을 역사 및 개인 차원에서 분석하는 근거가 된다. 또한, 민중

---

33   Ronald Inglehart, "Post-materialism in a Environment of Insecurity," *American Political Science Review* 75, December, 1981, pp.880~900.

들의 가치와 신념의 변화는 정부에 대한 평가 기준의 변화를 의미한다. 사람들은 바람직하다고 여겨지는 가치를 기반으로 정부를 평가하며, 이러한 기대와 요구가 얼마나 충족되는지에 따라 정부에 대한 신뢰가 달라질 수 있다.

이렇듯 '가치관'은 통해 한 개인의 태도나 행동에 비교적 지속적으로 영향을 미치기 때문에 한 개인의 행동뿐 아니라, 한 국가의 민중의식이나 사회 변동의 원인을 파악하고 비교 분석하는 데 유용한 개념이라 할 수 있다.

3) 통일정체성

저자는 통일 문제를 구성주의 입장에 입각해 서로를 적이나 경쟁자로 보는 것이 아닌, (대화와 협력의) 평화적으로 수용할 수 있는 정체성과 상호성의 변화라고 보는 시각에서 바라보고자 한다. 신현실주의에 따르면, 국가들은 군사력을 중심으로 한 물질적인 힘에 의존한다. 또한, 무정부 상황에서는 상대적 소득의 문제로 인해 국가 간 협력이 어렵다고 주장한다.[34] 한편, 신자유주의는 국가들이 협력할 수 있고, 그 결

---

34 Kenneth Waltz, *Theory of International Politics*, Boston : Addison-Wesley, 1979; Joseph Grieco, "Anarchy and the Limits of Cooperation : A Realist Critique of the newest Liberal institutionalism," *International Organization* 42-3, Summer 1988,

과로서 상호 안보를 촉진시킬 수 있는 환경이 조성된다고 본다.[35] 신현실주의와 신자유주의의 입장은 모두 국가들이 국가의 정체성과 이익이 외생적으로 주어진 상태에서 합리적 선택을 한다고 보는 맥락에 가깝다.

이에 반해, 구성주의는 1980년대 말 이후 탈냉전시대의 현실을 설명하기 위해 다양한 이론적 접근에 영감을 제공하였다. 이로써 국가들이 상호작용을 통해 긍정적인 사회적 경험을 공유하는 것이 가능하다고 주장한다.[36] 정체성과 이익은 상호작용의 역사적 과정을 통해 내생되는 것으로서 사회적으로 변화할 수 있다는 것이다. 웬트가 보기에 신현실주의와 신자유주의는 세계정치의 행위자들이 어떻게 사회적으로 구성되고 있는가에 대해 충분히 고려하지 않는다는 것이다. 이 책에서도 구성주의 시각이 상호작용과 정체성의 개념과 같은 관념적 요소들을 통해 각 현상을 효과적으로 설명할 수 있다고 본다.

통일 문제는 "누가, 왜, 무엇을, 어떠한 방식을 거쳐 이루어

---

pp.485~508.

35   Robert O. Keohane, *After Hegemony*, Princeton : Princeton University Press, 1984, pp.5~18.

36   Alexander Wendt, "Anarchy is what states make of it : the social construction of power politics," *International Organization* 46-2, Spring 1992, pp.391~425.

지는가?"에 관해 저마다 다른 정당성과 가치관을 드러내기 마련이다. 특히 중대한 국가적 과제로서 통일을 지향한다는 기본전제 하에 '통일정체성'은 한 국가 및 그 구성원의 상호 구성관계 속에서 발생하는 사회적 상호작용에 의해 끊임없이 형성하고 변화한다. 예컨대 역대 정부가 추진해 온 통일정책과 그 시대를 살아 온 민중의 통일의식 간 상호구성관계의 상호작용에 따라 '통일정체성'은 끊임없이 재생산되며 변화해 왔다.

그러한 가운데 '통일정체성' 형성 과정에서 각 시기별로 통일 문제를 둘러싸고 특정한 '경험'과 '맥락'이 공유된다. 이와 관련, 토크빌Tocqueville, 벨라Robert N. Bellah, 파머Parker J. Palmer 등은 정치체제의 유지 또는 변혁의 이면에는 '마음의 습속Habits of the Heart'이 자리잡고 있다고 설명한 바 있다.[37] 탈냉전 이후 세계화 및 정보화시대를 넘어 COVID-19라는 문명사적 전

---

37 예컨대 토크빌은 미국의 민주주의 유지에 있어 국민들의 생활태도와 관습 등이 결정적인 역할을 했다고 논증하였다. 벨라는 미국인이 공유하는 개인주의와 공동체주의라는 가치체계가 미국인의 마음의 습속이자 미국식 민주주의의 근간이라고 정의한 바 있다. 파머 역시 미국 사회의 붕괴와 민주주의의 위기를 시민들의 "부서진 마음"에서 찾았다. 알렉시스 드 토크빌, 『미국의 민주주의』, 계명대 출판부, 2022, 59쪽; Robert Bellah et al., *Habits of the Heart : Individualism and Commitment in American Life*, L.A : University of California Press, 1985; 파커 J. 파머, 김찬호 역, 『비통한 자들을 위한 정치학 ─ 왜 민주주의에서 마음이 중요한가』, 글항아리, 2012.

환에 이르며 각자의 역사적 경험과 정치 사회 맥락 속에서 저마다 다른 모습으로 미래의 통일을 논의하고 있는 것처럼 말이다. 이렇듯 국가 통일 문제를 분석하는 도구로서 정체성은 통일준비 과정에서 나타나는 특정한 '마음의 습속'을 파악하고, 이로써 내재화된 규율을 발견하여 그 정체성 변화를 추적하고, 더 나아가 예측한다는 데 의미가 있다. 다시 말해, 한 국가가 통일 문제를 인식함에 있어 어떠한 변화가 나타나는지에 대한 심층적인 이해를 도와준다.

정체성 렌즈 시각의 대표적인 연구자인 지Gee는 네 가지 관점에서 다중적인 정체성을 설명한 바 있다. 첫 번째로, 원생적 정체성Nature-identity에 대해 설명할 수 있다. 이는 개인이 선택하지 않고 타고난 특징, 예를 들어 인종이나 성별과 같은 태생적 요소를 말한다. 두 번째는 제도적 정체성Institution-identity으로, 특정 제도나 기관에서 부여된 지위나 역할이 개인의 정체성을 규정한다. 세 번째, 담화적 정체성Discourse-identity은 관계를 통해 형성되며, 타인의 말이나 행동을 통해 나타나는 특성을 통해 자신을 인식하게 된다. 마지막으로, 친화적 정체성Affinity-identity은 특정 문화 또는 공동체의 공통된 속성을 바탕으로 한 경험적 요소에 의해 형성된다. 예를 들면, 팬클럽이나 동호회, NGO와 같은 자발적으로 참여하는 공동체가 이에 해당한다. 여기서 중요한 점은 각 관점이 별개로 구분되는 것이 아니라, 상호 연관되어 있다는 것이다.[38]

물론 그의 연구는 주로 교육학 분야에 국한되었다. 그러나 그가 제시한 정체성 렌즈는 인간의 내면적인 천성과 후천적인 형성발전 과정에 주목하고 있기에 동아시아 소분단체제로서 한국과 중국의 사례에도 충분히 적용해 볼 수 있다. 이러한 개인의 특성 및 경험에 기인한 다중적인 정체성의 분석 렌즈는 어떠한 특정 국가에서 그 국가의 중대한 과제를 둘러싸고 복잡하고 동태적인 양상으로 변화 중인 정체성을 분석할 수 있다는 점에서 매우 유용하기 때문이다. 즉 정체성 형성 원천 요인에 기인해 '통일정체성 변화와 분화' 현상을 설명할 수 있다.

이러한 기초를 바탕으로, 저자는 '통일정체성의 변화'를 동질성과 이질성이 교차하는 지점에서 이루어지는 이중운동 과정의 맥락에서 해석하고자 한다. 그 결과로 '통일정체성'이 어떻게 분화되었는지를 설명하려 한다. 또한, 국가 내부에서 통일에 대한 일체감이 문화권력으로 작용하면서, 동

---

38   Gee, J. P., "Identity as an analytic lens for research in education", *Review of Research in Education* 25(1), 2000, pp.99~125.

질성을 중시하는 정체성과 이질성을 중시하는 정체성 사이
의 정치적 정체성 기준이 형성되었다는 전제를 두고자 한다.
이에 따라 '통일정체성'은 강화되거나 약화되며 지속적으로
변화해 왔으며, 그 결과로 이질성을 중시하는 정체성이 더욱
강화되어 '통일정체성'이 점차 분화되었다고 본다.

3. 통일정체성 변화와 분석에 관한 시각

통일정체성 변화와 분화 분석에 관한 기존의 각기 다른 시
각을 살펴보기 위하여 정치의식의 변화에 영향을 미치는 주
요한 세 가지 요인인 생애주기효과life-cycle effects, 정치상황효과
political period effects, 사회경제상황효과socio-economic period effects의
기본적인 관점을 살펴볼 필요가 있다.[39] 저자는 이 세 가지 요
인이 각각 어떻게 해석하고 있는지를 비교 검토해 보고, 보다
참신한 시각을 제시하고자 한다.

---

39 다만 본고에서는 '기간효과'를 특정 시점이나 기간의 의미로 말하는 것이 아닌, 정치문화
    및 사회경제의 '변화' 관점에서 살펴볼 것이다. Gabliel A. Almond, "Youth and Changing
    Political Culture in the United States," Gordon J. Direnzo, *We the People : American
    Character and Social Change*, Wesport, Conn : Greenwood Press, 1977, pp.115~147.

첫째, 생애주기효과론은 사회 구조 변화와 함께 개인의 연령이 정치의식에도 영향을 미친다는 시각이다. 이 이론은 심리학의 인성발달 이론을 바탕으로 생애주기효과를 설명한다.[40] 생애주기효과론의 기본 관점은 개인의 연령이 증가함에 따라 본래의 진보적 정치성향이 보수화 하는 경향으로 변화한다는 것이다.[41] 가령 학업을 마치고 직장생활을 하거나 결혼 후 자녀를 키우면서 자신이 일군 삶의 궤적 안에서 마주하는 환경에 민감하게 반응하게 되고, 자연스럽게 안정적인 생활을 보장해주는 정책이나 정치정당에 관심이 더욱 커지게 된다는 것이다. 결국 이러한 변화과정을 겪으면서 현상유지를 선호하게 된다는 것이다. 즉 분단 상태가 장기화 되면서 원래의 비정상적인 분단을 점점 정상적이고 안정적인 사회구조라 이해하고 받아들이며,[42] 변화에 대한 불안감 또는 거부감[43]이 발생한 것으로 이해할 수 있다.

---

40 Erikson, Erik H., *Identity : Youth and Challenge*, New York : Basic Books, 1969; Kiecolt, Jill K., "Age and Political Sophistication", *Journal of Political and Military Sociology*, 1987; Whittier, N., *Political Generations, Micro-Cohorts, and the Transformation of Social*, 1997.

41 Neal E. Cutler · Neal E. Cutler, "Generation, Maturation, and Party Affiliation : A Cohort Analysis", *The Public Opinion Quarterly*, 33(4), 1969, pp.583~588.

42 백낙청 · 김성민, 「대담 민족문화론, 분단체제론, 변혁적 중도론」, 『백낙청 회화록』 7권, 창비, 2017, 520쪽.

43 J. B. Williamson · L. Evans · L. Powell, *The Politics of Aging : Power and Policy*,

둘째, 정치상황효과는 정치사회화political socialization 과정을 통해 개인이 정치적 환경과 상호작용하면서 정치의식에 영향을 미친다는 시각이다. 파이와 버바Pye and Verba에 따르면, 정치 문화란 정치체계 내의 근본적인 가정과 규칙을 제공하는 태도, 신념 및 감정의 총체를 말한다.[44] 정치사회화에서 헤게모니 이론은 국가가 어떻게 의도적으로 정치사회화 과정에 개입하는지에 주목한다.[45] 즉 한 국가의 정치체제를 유지하고 발전시키기 위하여 어떻게 국민의 '지지'와 '동의'를 확보하고자 하는지에 관한 것이다. 헌팅턴Huntington이 지적한 교육, 언론 매개체가 국민의 기대를 높이거나, 반대로 불만을 누적할 수 있다는 주장[46]을 상기시켜 준다. 물론, 통일교육, 언론 등의 정치사회화 과정을 통해 일시적인 정치적 정향을 제시하거나, 또는 일정 정도 영향을 미칠 수 있을 것이다. 그러나 동일한 통일교육을 받는다 하더라도 인식은 저마다 다를 수 있다. 누군가는 친밀감을 느끼고 수용하려는 태도를 가지는

Springfield : Charles C. Thomas, 1982.

44 Pye Lucian W. · Verba Sidney, *Political Culture and Political Culture and Political Development*, Princeton : Princeton Univ. Press, 1965, 513쪽.

45 Gramsci Antonio, a cura di Gerratana Valentino, *Quaderni del carcere*, 1975.

46 Huntington, Samuel P., *Political Order in Changing Societies*, New Haven : Yale University Press, 1973, p.4.

반면, 또 누군가는 알면 알수록 두려움과 거부감이 심해질 수 있다. 언론 역시 마찬가지이다. 누군가는 동일한 매체의 보도를 보고 높은 의존도를 보이며 수용적 태도를 갖는 반면, 또 누군가는 언론사의 보도 성향 및 성격이 다른 점에 대해 의구심을 갖거나 반발적인 태도를 보일 수 있다.

셋째, 사회경제상황효과는 물질적 불평등과 경쟁을 강조하는 사회에서 필연적으로 갈등이 발생하기 때문에 자연스럽게 정치의식에 영향을 미친다는 시각이다. 갈등은 그 사회의 변화를 일으키기 마련이다. 칼 마르크스Karl Marx는 거시적 차원에서 갈등을 사회경제 변화의 주 원천으로 보았다. 주요하게는 갈등의 발생원인 및 기제로서 (사회) 구조에 주목하여 다양하고 복잡한 현상의 원인을 파악하는 데 유용한 해석력을 제공한다. 그 이후 이를 토대로 파생된 대표적으로 통합적 갈등 이론Integrated threat theory을 제시할 수 있는데, 이 이론의 하위 관점 중 현실적 갈등Realistic threat에서 핵심 개념은 바로 '희소성'에 있다. 따라서 희소한 자원을 둘러싸고 서로 다른 집단 간의 경쟁이 발생하고, 집단 내 각 구성원들은 현실적 갈등을 겪게 된다는 것이다.[47] 자원을 갖지 못한 집단의 경우, 적개심

---

47   통합적 갈등 이론은 크게 4가지 관점을 전제하는데, 각각 현실적 갈등(Realistic threat),

이 최고조에 이르며, 자연스럽게 타그룹을 향한 부정적 인식을 갖게 된다는 것이다. 즉, 경제적 변수와 같은 물질적 요인 이전에 이미 깊게 자리 잡고 있는 본질적인 문제가 무엇인지 먼저 살펴볼 필요가 있다.

위에서 살펴본 바와 같이 분단국의 '통일정체성 변화와 분화' 현상에 대한 세 가지 경쟁적인 시각은 통일에 대한 인식에 어느 정도 영향력을 미친다는 점에서 일부 설득력이 있다. 그러나 기존의 접근 방식에서는 여러 한계점이 드러난다. 첫째, 특정 시기의 연령 요인이 개인의 정체성을 구성하는 복잡한 문제들을 체계적으로 설명하는 데 있어 한계를 가지고 있다. 이는 연령과 같은 단일 요소만을 고려할 때, 그 개인의 정체성에 영향을 미치는 다른 중요한 변수들을 간과할 수 있기 때문이다. 둘째, 일시적인 정치적 정향을 제시하는 데 유용할 수 있으나, 그 작동 원리에 대한 근원적 원인을 설명하기에는 한계가 있다. 단편적인 정치적 상황만을 고려함으로써 더 깊

상징적 갈등(Symbolic threat), 그룹 간 불안(Intergroup anxiety), 부정적 고정관념 (Negative stereotype)이다. Stephan, W. G. · Stephan, C. W. · Gudykunst, W., "Anxiety in intergroup relations : A comparison of anxiety/uncertainty management theory and integrated threat theory", *International Journal of Intercultural Relations*, 23(4), 1999a, pp.613~628; Stephan, W. G. · Ybarra, O. · Bachman, G., "Prejudice toward immigrants : An integrated threat theory", *Journal of Applied Social Psychology*, 29, 1999b, pp. 2221~2237.

은 사회적, 역사적 맥락을 간과할 우려가 있는 것이다. 셋째, 인간의 고유한 특성에 따른 주관적 인지와 정체성을 간과하고 있어, 근원적인 분석에 있어서도 부족하다. 이로 인해 정체성 형성의 다양한 측면과 복잡성을 충분히 포착하지 못하고, 결과적으로 개인의 정체성에 대한 깊이 있는 이해를 제한하게 된다. 따라서 이러한 접근들은 정체성 연구에 필요한 다면적 분석을 제공하지 못하는 한계가 있다.

저자가 주목하는 바는 정치적 현안을 둘러싼 사회적 상호작용을 통해 각기 다른 인식과 행동으로서 "나는 누구인가?"를 끊임없이 표출하고 있는 정체성의 갈등이다. '정체성'이라는 렌즈는 분단 국가와 그 국가를 구성하는 구성원으로서 인그룹과 아웃그룹으로 구분 짓는 근본적인 인식을 탐색하는 창구가 될 수 있다. 따라서 정체성에 기반한 통일 문제에 대한 이해는 이를 둘러싸고 나타나는 다양한 인식과 행동의 기저에 있는 심층적인 심리기제를 이해하는 데 매우 필수적이라 할 수 있다. 따라서 이 책은 보다 본질적인 차원에 입각하여, 사회정체성의 한 형태이자 공공정치활동에서 표출되는 정치적 행위라고 정의할 수 있는 '정치적 정체성' 렌즈의 시각으로 살펴보고자 하는 것이다.

이 책에서는 한국과 중국에서 통일 문제를 둘러싸고 각기 다른 양상을 보이며 발생하는 사회 현상 및 주요 행위자들의 행위 및 심리, 그리고 그 상호관계에 주목함으로써 새로운 연구 가치를 발견하고자 한다. 이를 위해 저자는 우선 '정치의 본질'이 무엇인지 답을 얻고자 한다. 즉 관련 현안을 둘러싸고 인간과 세계에 보편적으로 적용되는 패턴이 무엇인지에 대한 답을 얻기 위해, 경험과 역사를 통해 효과적인 논리를 제시하고자 한다.

제2장

통일정체성의 변화
왜 '하나'가 되어야 하는가?

통일정책은 구조적 환경 차원에서 볼 때 정부의 동원전략 추진이라 말할 수 있다. 그리고 정부의 통일정책 추진 과정에서 각 시기별 국가를 대표하는 지도자 개인의 인식 및 행위에 기초한 정책적 동원전략 추진은 통일정체성 변화에 영향을 미친다.

조 헤이건Joe Hagen은 특정 외교 사안에 관해 국내의 반대세력이 존재할 때, 고려할 수 있는 전략 중 하나로 동원전략mobilization strategy을 제시한 바 있다.[1] 즉 애국심, 민족주의 정서 등을 앞세워 국내 지지세력을 동원하고, 반대세력을 무력화 시키는 것이다. 이때 정당성은 정치지도자가 관련 현안에 대한 국민의 협력과 지지를 확보하는 데 매우 중요한 역할을 한다.[2]

그러한 점에서 볼 때, 한 국가의 정치지도자 개인의 인식 및 행위 또한 통일정체성에 큰 영향을 미친다는 사실을 알 수

---

[1] 나머지 두 가지 전략은 첫째, 수용전략(accommodation strategy)은 전략적으로 수용하여 외교정책을 일부 수정하려는 태도 둘째, 분리전략(insulation strategy)은 반대세력을 회유하거나 그 주장을 무력화시키려는 태도를 말한다. Hagan, Joe D, "Domestic political explanations in the analysis of foreign policy", *Foreign policy analysis : continuity and change in its second generation*, 1995, pp.117~143.

있다. 왜냐하면, 지도자 개인의 성장배경과 경력, 정치적 신념 등으로 구성된 고유한 특징은 통일정책 추진 방향성을 제시하는 바로미터가 되고, 더 나아가 민중의 지지를 얻기 위한 정책적 동원전략의 기초가 되기 때문이다. 따라서 통일정체성 변화에 영향을 미치는 주요한 요인 중 하나로서 국가 지도자의 개인적인 특성에 기인한 정부의 동원전략 추진 배경에 대해 이해할 필요가 있다. 이와 관련, 루소David L. Rousseau는 국제관계 분야에서 국가 지도자의 위협인식threat perception에 주목했는데, 즉 누가 아군이고 누가 적군인가를 판단하는 국가 정치지도자의 위협인식에 따라 정책 결정의 행위를 가늠할 수 있다는 것이다.[3] 자크 하이만스Jacques E. C. Hymans는 지도자 정체성 모델Leader's identity model을 제시하고 정치지도자의 인식이 정책 결정에 매우 중요한 요인이라고 설명하였다. 예를 들면 정치지도자의 개인적 특성과 전략적 의지에 따른 핵무장 결

---

[2] 막스 베버(Max Weber)에 따르면 어떠한 체제도 그 자체의 존속을 보장받기 위한 근거를 마련하기 위해 호소한다고 설명한 바 있다. 한반도 분단체제에서 정치지도자의 통일정책 추진에도 정당성은 권력 획득 및 국민의 동의를 얻기 위해 활용되어 왔다고 볼 수 있다.

[3] David L. Rousseau · Rocio Garcia-Retamero, "Identity, Power, and Treat Perception : A Cross-National Experimental Study", *Journal of Conflict Resolution*, Vol.5, No.5, 2007.

정이 핵확산의 중요한 요소라는 것이다.[4] 이러한 논리적 맥락에 따라 저자는 한 국가의 정치지도자 개인 특성이 정부가 추진한 정책의 주요한 동원전략이 된다는 논리에 기인하여, 각 시기별 집권 정치지도자의 정치적 정체성에 의거해 서로 다른 동원전략을 추진해 왔다고 설명하고자 한다.

한국은 헌법 제4조에서도 명시되어 있듯이 통일을 지향하고 평화적 통일정책을 수립 및 추진하는 데에는 일관적인 입장을 견지하고 있다. 그러나, 각 정부의 통일정책은 그 정당성 논리에 차이를 보이며 변화해 왔다. 기본적으로 민족통일을 통하여 국가통일로 나아가자는 목표하에,[5] 한국의 통일정책 정당성에는 늘 '민족'과 '국가'라는 두 차원의 논리가 존재해 왔다. 이러한 배경에서 역대 한국정부는 통일정책 추진 과정에서 그 정당성을 확보하기 위해 '민족당위' 또는 '국가실리' 중 어느 곳에 우선순위를 두고 동원전략을 선택하느냐가 관건이 되어왔다. 이에 구조적 차원에서 정부의 동원전략^{민족당위/국가실리} 요인은 통일정체성 변화에 밀접한 영향을 미친다고

---

4   Jacques E. C. Hymans, *The Psychology of Nuclear Proliferation : Identity, Emotion, and Foreign Policy*, New York : Cambridge University Press, 2006.

5   한국통일부, 「민족공동체통일방안」(https://www.unikorea.go.kr/unikorea/policy/Mplan/Pabout/).

할 수 있다.

한편 중국은 대만 문제가 중국 핵심 이익 중의 핵심[6]이라며, '하나의 중국' 원칙 준수에 따라 대만을 중국의 불가분의 일부로 보고 양안 통일을 목표로 명시하고 있다.[7] 중국은 2022년 제20차 당대회에서도 시진핑 국가주석의 연설을 통해 대만과의 통일정책에 대한 입장을 전했다. 시 주석은 "대만은 중국의 대만이다. 대만 문제는 중국의 일이고, 중국인이 결정할 몫이다. 결코 무력 사용을 포기하지 않겠다는 약속은 하지 않을 것이고, 모든 필요한 조치를 취할 수 있는 옵션도 보유하고 있다. 이는 외부세력의 간섭과 대만 독립 분리주의자들 및 활동을 겨냥한 것이 아니며, 대만 동포를 대상으로하는 것 또한 아니다. 국가통일, 민족부흥 역사의 바퀴는 멈추지 않을 것이며, 조국의 완전한 통일은 반드시 실현될 것이

---

6   "台湾问题是中国核心利益中的核心, 一个中国原则是中美关系政治基础中的基础, 三个联合公报是中美关系最重要的"护栏". 中华人民共和国中央人民政府, "王毅在亚洲协会发表演讲", 2022.9.23(https://www.gov.cn/xinwen/2022-09/23/content_5711634.html).

7   两岸关系发展历程证明 : "台湾是中国一部分, 两岸同属一个中国的历史和法理事实, 是任何人任何势力都无法改变的! 两岸同胞都是中国人, 血浓于水, 守望相助的天然情感和民族认同, 是任何人任何势力都无法改变的! 台海形势走向和平稳定, 两岸关系向前发展的时代潮流, 是任何人任何势力都无法阻挡的! 国家强大, 民族复兴, 两岸统一的历史大势, 更是任何人任何势力都无法阻挡的!" 党建网, "习近平在『告台湾同胞书』发表40周年纪念会上的讲话", 2019.1.3(https://baijiahao.baidu.com/s?id=1621604168876398304&wfr=spider&for=pc).

다"[8]라는 강경한 입장을 밝혔다.

　이러한 연설은 중국 내에서 국가주의적 감정을 고취시키고 개인의 정치적 입지를 강화하는 데 힘을 실어주었다. 중국은 경제적, 문화적 유대를 통해 대만과의 점진적인 통합을 추구하는 한편, 필요한 경우 군사적 옵션을 배제하지 않는다는 강경한 입장을 유지하고 있다. 중국이 대만 문제에 있어서 어떠한 외부 간섭에도 강력히 대응하겠다는 의지를 표명하는 것으로, 중국의 주권과 영토적 통합을 강조하는 것이다.

　이러한 접근 방식은 중국의 통일정책을 추진하는 과정에서 정부의 동원전략이 정치 지도자의 인식과 행위[발언]에 의해 크게 영향을 받고 있음을 보여준다. 특히 시진핑 주석과 같은 영향력이 강한 지도자의 개인적 특성과 전략적 의지가 중국의 통일정책 방향과 국내외 정책에 결정적인 역할을 하며, 이는 곧 중국의 통일정체성에 대한 국내외적 인식을 형성하는 데 중요하다. 이처럼 중국의 통일정책 역시 국가 지

8　　台湾是中国的台湾. 解决台湾问题是中国人自己的事, 要由中国人来决定. 我们坚持以最大诚意, 尽最大努力争取和平统一的前景, 但决不承诺放弃使用武力, 保留采取一切必要措施的选项, 这针对的是外部势力干涉和极少数"台独"分裂分子及其分裂活动, 绝非针对广大台湾同胞. 国家统一, 民族复兴的历史车轮滚滚向前, 祖国完全统一一定要实现, 也一定能够实现! 中国共产党新闻网, "高举中国特色社会主义伟大旗帜 为全面建设社会主义现代化国家而团结奋斗在中国共产党第二十次全国代表大会上的报告(2022.10.16)", 2022.10.26(http://cpc.people.com.cn/20th/n1/2022/1026/c448334-32551867.html).

도자의 인식 및 행위에 기초한 정책적 동원전략의 추진으로 볼 수 있다.

통일정책은 정부의 동원전략으로서 국가적, 민족적 목표를 달성하는 데 중요한 역할을 한다. 또한, 국가를 대표하는 지도자의 인식과 행위발언 등에 깊이 영향을 받으며, 동시에 국민의 지지와 협력을 확보하는 데 필수적이다. 한국과 중국은 각기 다른 방식으로 통일정책을 추진하고 있지만, 두 나라 모두 통일정체성 형성에 주력하고 있음을 알 수 있다.

1. 한국의 「민족공동체통일방안」

노태우·김영삼 정부 시기에는 '민족당위'를 통일정책 추진의 주요한 동원전략으로 선택하였고, 남과 북이 같은 민족으로서 화해하고 협력하며 공존하는 "과도기적 통일체제"의 필요성을 강조하였다. 그 구체적인 실천 방안으로서 노태우는 「한민족공동체통일방안」을 발표하였고, 김영삼이 「민족공동체통일방안」으로 계승 및 발전시켰다. 그리고 이 방안은 현재까지 한국의 공식적인 통일방안으로서 이어져 오고 있다.[9]

김대중·노무현 정부 시기 통일정책 역시 '민족당위'를 주요한 동원전략으로 선택하였는데, 이른바 '열린 민족주의Open Nationalism'를 통일의 이념적 기반으로 삼고 민족경제공동체 형성을 추진하는 데 주력하였다. 즉 '선先화해협력, 후後통일'을 주창하며 민족동질성 회복을 더욱 강조하였고, 그 과정에서 남북교류협력법 개정 및 법적제도적 인프라 개선과 확충에 중점을 두었다.

이명박·박근혜 정부 시기 통일정책의 주요한 동원전략은 상대적으로 '국가실리' 입장에 기인하기 시작하면서, 남북이 서로 상생하고 신뢰하는 쌍방향 협력관계의 발전에 주력하였다. 이 시기 가장 이목이 집중된 특징으로는, 대통령의 직접적인 통일 관련 언급이 증대한 점이다. 대표적으로 "통일은 반드시 온다", "통일세를 준비하자",[10] "통일은 대박이다"[11] 등처럼 대통령의 연설을 통해 국민들에게 호소하고, 이에 대한 공감을 얻고자 하였다.

---

9   통일정책과 통일방안에 대한 정의의 차이는 다음과 같다. 통일정책은 통일에 유리한 환경을 조성하면서 남북관계를 관리하고 개선하려는 정부의 정치적 선택인 동시에 그것의 구체적 표현이다. 통일방안은 통일에 대한 정부의 입장, 통일의 원칙, 통일에 대한 접근 방식 등을 포괄해 행동지침으로 구체화한 밑그림이다. 국립통일교육원, 『2023 통일문제 이해』, 2023, 142~143쪽.

10   행정안전부 대통령기록관, 「제65주년 광복절 경축사」, 2010.8.15(https://www.pa.go.kr/research/contents/speech/index.jsp).

11   행정안전부 대통령기록관, 「신년 구상 발표 및 기자회견」, 2014.1.5(https://www.pa.go.kr/research/contents/speech/index.jsp).

문재인 정부 시기 통일정책은 '국가실리'를 주요한 동원전략으로 선택하고, 여기에 국가적 네트워크에 초점을 맞춘 '평화와 번영'의 남북 간 호혜적 협력을 통해 경제적 연계성을 제고하는 데 주력하였다. 이는 한반도 평화를 위해 국제 사회와 소통하고 협력을 확대하겠다는 포부를 밝힌 것으로 해석된다. '통일'보다는 '평화'를 더욱 강조하며 한반도 신경제지도 구상을 통한 네트워크 강화에 중점을 두었다.

1) 노태우 정부1988.2~1993.2 한민족공동체통일방안

노태우는 제6공화국의 대통령에 취임한 이후 첫 기자회견 1988.4.21을 통해 임기 내에 '남북한의 화해와 협력을 통해 평화통일의 길을 열어 나가는 시대'를 만들겠다는 정책적 의지를 표명하였다.[12] 그 주요한 내용은 민족 모두가 함께 잘 살 수 있는 '민족공동체'를 형성하기 위해 남북한 간의 소모적 정치선전을 지양하고 한반도의 진정한 평화통일을 향해 나아가자는 것이다. 그 이후 헌법 제66조에서 대통령에게 부여한 조국의 평화적 통일을 위한 의무를 수행하기 위한, 이른바 '민

12　「각본 없는 생생한 회견 첫선」, 『조선일보』, 1988.4.22(https://newslibrary.naver.com/viewer/index.naver?publishDate=1988-0101&officeId=00023&pageNo=1).

족자존과 통일번영'을 국정지표로 내걸고 평화통일의 새 지평을 열기 위한 노력을 경주하고자 하였다. 그 구체적인 의지와 실천의 기점이 바로 노태우가 1988년 7월 7일에 선언한 「7·7선언」[13]이고, 이 선언에서는 남북관계 및 북방정책[14]에 있어 획기적인 전환을 모색하겠다는 의지와 민족공동체 실현을 위한 새로운 비전을 담고 있다. 더욱이 이 선언은 남과 북이 함께 번영을 이룩하는 민족공동체관계를 발전시켜 나가는 것이 통일을 실현하는 지름길이라는 인식을 바탕으로 남북 간의 화해 구조를 만드는 데 필요한 조치의 기본 방향을 제시한 정책선언 이었다.[15]

이러한 맥락에서 노태우는 「7·7선언」의 토대 위에서

---

13   주요 내용은 ① 정치인, 경제인, 언론인, 종교인, 문화예술인, 체육인, 학자 및 학생 등 남북 동포간의 상호교류를 적극 추진하며, 해외동포들이 자유로이 남북을 왕래하도록 문호를 개방한다. ② 남북적십자회담이 타결되기 이전이라도 인도주의적 견지에서 가능한 모든 방법을 통해 이산가족들간에 생사, 주소확인, 서신왕래, 상호방문 등이 이루어질 수 있도록 적극 주선, 지원한다. ③ 남북한 교역의 문호를 개방하고 남북한 교역을 민족 내부 교역으로 간주한다. ④ 남북 모든 동포의 삶의 질을 향상시킬 수 있도록 민족경제의 균형적 발전이 이루어지기를 희망하며, 비군사적 물자에 대해 우리 우방들이 북한과 교역을 하는데 반대하지 않는다. ⑤ 남북한간의 소모적인 경쟁, 대결외교를 종결하고 북한이 국제 사회에 발전적 기여를 할 수 있도록 협력하며, 또한 남북대표가 국제무대에서 자유롭게 만나 민족의 공동 이익을 위하여 서로 협력할 것을 희망한다. ⑥ 한반도의 평화를 정착시킬 여건을 조성하기 위하여 북한이 미국, 일본 등 우리 우방과의 관계를 개선하는 데 협조할 용의가 있으며, 또한 우리는 소련, 중국을 비롯한 사회주의 국가들과의 관계개선을 추구한다. 외교안보연구소 외교사연구센터, 『북방정책과 7·7선언』(국립외교원, 2020).

1989년 9월 11일 국회 특별연설을 통해 「한민족공동체통일방안」을 천명하였다.[16] 「한민족공동체통일방안」은 남북연합을 거쳐 통일헌법에 따른 총선거로 통일 국회와 통일 정부를 구성함으로써 완전한 통일 국가인 통일 민주공화국을 수립하겠다는 목표를 제시하였다. 특히 이 「방안」에서 언급한 '자주, 평화, 민주'의 3개 기본 원칙은 1972년 「7·4남북공동성명」[17]의 '자주, 평화, 민족대단결'이라는 원칙에 대한 합의를 재확인한 것이라 해석할 수 있다. 다만, 여기서 눈여겨 볼 점은 '민족대단결'이 아닌 '민주'로 바뀐 것이다. 이는 한국 민주화 이후 '민족대단결'의 기본 전제하에 민주적 절차에 따라 통일을 이루겠다는 의지를 강조한 것이며, 변화는 노태우가 제시한

---

14 북방정책은 공산권과의 외교관계를 적극적으로 구축한다는 것으로, 이전에 친서방정책에 편향된 외교정책에 대한 전환을 의미한다. 노태우 대통령이 취임사(1988.2.25)에서 대외정책 기조로 제시함에 따라 구체화되었다. 당시 '북방외교'라는 용어로 표현하였으나, 1990년 신년사를 통해 "우리는 북방정책을 통해 북한의 개방을 촉진할 것이다"라는 언급에서 알 수 있듯이 '북방정책'이라는 용어로 변화하였다. 김창진, 『대통령과 통일정책』, 문운당, 2019, 161쪽.

15 통일부 통일교육원, 『통일 문제이해 2018』, 통일교육원 연구개발과, 2017, 103쪽.

16 1989년 9월 11일 국회 특별선언 전문(https://www.pa.go.kr/research/contents/speech/index.jsp).

17 1972년 7월 4일 서울과 평양에서 동시에 발표된 남북 간 최초의 공식 합의문서이다. 상호 실체 인정의 남북관계를 태동시켰다는 점에서 의미가 크다. 1973년 8월 북한이 일방적으로 대화를 중단시킴으로써 그 실천적 조치가 따르지는 못했지만 여전히 남북한 사이에 통일논의의 기본이 되고 있다. 통일부 국립통일교육원 남북관계 지식사전(https://www.uniedu.go.kr/uniedu/home/brd/bbsatcl/nsrel/view.do?id=16114).

한국의 통일비전자유, 인권, 행복이 보장되는 민주 국가에서도 그대로 드러난다.

즉 이 「방안」을 통해 '민족공동체' 토대 위에서 통일의 주역인 국민의 합의를 바탕으로한 통일정책 추진을 선포한 것이다. 이 배경에 따라 정부는 통일에 대한 논의를 확대하였고, 통일정책 추진에 있어서도 보다 적극적으로 국민의 참여를 유도하기 시작하였다. 예컨대 통일정책 의견수렴기구의 활성화를 촉구하기 시작하였는데, 주요하게는 각계각층을 대상으로 한 통일고문회의, 국토통일원 정책자문위원회, 통일정책 평가회의, 통일정책추진관련 여론조사 등이었다. 그중 이 시기 통일에 대한 국민여론조사의 진행 방식은 몇 가지 뚜렷한 변화를 보였는데,[18] 하나는 과거 거시적 차원의 질문에서 벗어나 남북관계 현안 문제나 특정정책 사안에 대한 평가 및 정책대안을 파악하기 위한 세부적인 질문에 주안점을 두었다. 또 다른 하나는, 통일 가능 시기, 통일 방식 등 통일비전에 대한 국민들의 의식 파악에 치중하는 내용으로 전환한 것이었다.[19]

---

18   통일원에서는 1969년 기관설립 이후 통일에 관한 국민여론동향을 파악하기 시작하였다. 노태우 정부 출범 이전에는 주로 반공안보의식에 관한 설문조사가 실시되었다.
19   통일원, 『1992 통일백서』, 1992, 108~109쪽.

2) 김영삼 정부^{1993.2~1998.2} 민족공동체통일방안

김영삼은 김대중과 함께 한국 민주화운동의 중요한 한 축을 이룬 인물이다. 김영삼이 이끄는 문민정부는 출범 이후 새로운 국정지표 중 하나로 '통일조국'을 제시하였고, 그 실천 방향은 국내 개혁을 통해서 축적된 통일역량을 바탕으로 민족분단의 불행한 역사를 마감하고 통일조국의 새 시대를 열어 나가겠다는 것이었다.[20]

김영삼은 전임 정부가 세운 기본 원칙을 유지하는 틀에서 남북관계의 현실과 통일조국의 미래를 고려하고, 동시에 국내적 합의를 바탕으로 실현 가능한 통일정책을 적극적으로 추진해 나가겠다는 통일관을 제시하였다.[21] 또한 그는 '같은 민족이라는 원점'이라는 표현을 언급함으로써 낡은 이념과 사상을 대신하여 서로 화해하고 협력할 수 있는 새로운 남북관계를 설정하고자 하였다.[22] 즉 북한을 더 이상 적대의 대상이 아니라 공존공영을 바탕으로 통일을 향해 함께 나아가야 할 민족사의 동반자라는 점을 재차 강조한 것이다. 이러한

---

20   통일원, 『1993 통일백서』, 1993, 33~34쪽.

21   통일원, 앞의 책, 1993, 35쪽.

22   행정안전부 대통령기록관, 「제14대 대통령 취임사(우리 다 함께 신한국으로)」, 1993.2.25(https://www.pa.go.kr/research/contents/speech/index.jsp).

맥락에서 「민족공동체통일방안」은 노태우가 최초로 제시한 「한민족공동체통일방안」의 틀을 계승보완하면서도, 특히 통일 '과정'에 대해 더욱 구체화 하였다.

김영삼이 제시한 「민족공동체통일방안」은 한국의 공식적인 통일방안으로 계승되고 있으며, 「3단계 통일방안」이라고도 불리운다. 「한민족공동체통일방안」과 비교해 보면, 두 방안 모두 대화를 추진하여 화해·협력을 시작으로, 민족동질성을 회복하는 민족 사회를 조성하고, 이 과정을 통해 궁극적으로 민족 국가를 건설해 나갈 것을 목표로 삼았다. '대화·화해 → 민족 사회·민족동질성회복 → 민족 국가·1민족 1국가 통일 국가'라는 큰 방향은 동일하다. 다만, '통일과정'을 「3단계 통일방안」으로 공식 명명하고, 남북연합, 즉 민족동질성 회복 단계의 필요성을 강조하며 계승하고 보완되었다.

아울러 민족복리의 정신[23]의 실천을 강조하였다. 여기서 말하는 민족복리의 정신이란, 저항적 민족주의나 제국주의적 민족주의와는 본질적으로 다른 것으로, 남과 북이 같은 민족으로서 화해하고 협력하고 공존하면서 함께 번영할 수 있는 통일로 나아가고자 하는 정신이다. 이런 뜻에서 민족복리는

---

23   통일원, 『1993 통일백서』, 1993, 41쪽.

'열린 민족주의', '민주적 민족주의'가 추구하는 핵심적인 가치라고 본 것이다.

뿐만 아니라 향후 통일 한민족시대에 대비해야 할 필요성을 강조함에 따라 정책적 추진동력을 강화하기 위해 기존에 실시해 온 학계전문가, 언론인을 비롯한 일반 국민들의 통일 세미나 등을 확대 개최하였다. 특히 정보화시대를 맞이해 컴퓨터통신을 활용하여 한국의 통일정책에 대한 전국민 및 해외동포들의 의견을 청취하는 창구를 적극 개방하였다.[24]

3) 김대중 정부 1998.2~2003.2 햇볕정책

김대중은 한국민주화운동을 대표하는 인물로서 한국인 최초로 노벨평화상[25]을 수상한 바 있다. 그는 민주주의와 민족주의가 결합 되어야만 개인의 자유를 지키고 외부에 대한 관용성을 가질 수 있게 된다고 보았다.[26] 여기서 말하는 민족주의는 '열린 민족주의'로서 반외세 자주화로 치닫는 폐쇄적 민족주의를 경계하는 의미이다. 바로 이것이 통일의 이념적 기

---

24   한국은 1990년 3월 24일 최초 인터넷 국제 접속에 성공하였다.

25   Prize motivation : "for his work for democracy and human rights in South Korea and in East Asia in general, and for peace and reconciliation with North Korea in particular"(https://www.nobelprize.org/search/?s=kim).

26   김동노, 「김대중의 민족주의와 세계주의」, 『통일과 평화』 12집 2호, 2020, 133쪽.

반이자 추진력을 제공해주는 동인이라고 주장한 것이다.[27] 특히 1990년대 들어 세계화의 흐름에 맞춰 "열린 마음으로 세계를 받아들였을 때야 말로 우리 민족이 나아가야 할 길"이라고 강조하였다.[28] 1998년 한국의 일본 대중문화 개방 조치 역시 이 맥락에서 이루어진 사례 중 하나이다.[29]

김대중은 서독의 빌리 브란트 수상의 동방정책 추진 전개 과정을 오래 전부터 주시해 왔다.[30] 한국의 대중민주주의, 대중경제체제를 통해 북한을 변화시킬 수 있다고 생각한 것이다. 이에 따라 경제 성장을 이룩하면서도 사회적 약자들에 대한 사회보장과 참여 민주주의의 정치와 사회문화를 확산시키는 것이 바로 통일의 동력이라고 보았다.[31] 그리고 "한민족은 4,500만 명이라는 인식하에 남북 간의 긴장 완화를 모색하

---

27 아태평화재단, 『김대중의 3단계 통일론』, 도서출판 한울, 2000.

28 행정안전부 대통령기록관, 「대한민국 50년 경축사」, 1998.8.15(http://www.pa.go.kr/research/contents/speech/index.jsp).

29 「대중문화 단계적 개방」, 『경향신문』, 1998.4.18(https://newslibrary.naver.com/viewer/index.naver?articleId=1998041800329102001&editNo=40&printCount=1&publishDate=1998-04-18&officeId=00032&pageNo=2&printNo=16410&publishType=00010).

30 2009년 5월 21일 한국외국어대 법학관에서 김대중은 "빌리브란트와 나, 동방정책과 햇볕정책"을 주제로 강연한 바 있다. 그는 강연 중 1971년 1월 미국을 방문하여 National Press Club에서 진행한 기자회견에서 빌리브란트의 동방정책을 지지하고 공감한다는 말을 했다고 밝혔다. 「동방정책 성공했듯 햇볕정책 성공할 차례」, 『브레이크뉴스』, 2019.5.21(https://www.breaknews.com/sub_read.html?uid=102542).

31 노명환, 「역사의 관점에서 보는 김대중의 대중경제론과 햇볕정책 역사학연구」 제81집, 2021.2, 335~337쪽.

고 서신교류, 체육 왕래 등 동족애를 되찾는 조치를 진행시켜야 한다'[32]라고 주장했고, 이 배경에서 '햇볕정책또는 대북화해협력정책'[33]을 발표하였다.

김대중의 햇볕정책을 살펴보면 크게 세 가지 특징이 있다.

첫째, 민족동질성 회복에 중점을 두고 정책의 목표로서 '남북관계 개선'을 더욱 강조하였다. 사실상, 김대중 정부는 통일의 실현 보다는 비정치 분야 교류협력spill-over을 통한 평화공존의 관계 정착에 더욱 초점을 맞춘 것으로, 당장의 통일 실현에 주력하기 보다는 한반도의 냉전적 대결구도를 완화하는데 목적이 있다.

둘째, 북한을 포용하여 외부 세계로 이끌어내어 북한의 점진적 변화를 유도하고자 하였다. 즉, 보다 많은 접촉과 대화, 그리고 협력을 추진함으로써 북한이 스스로 변할 수 있는 여건과 환경을 조성하겠다는 것이다.

셋째, 경제적 상호 보완성에 기초하여 민족 경제공동체 형

---

32   『김대중 전집』 2, 제6권, 416쪽.

33   "햇볕정책"이란 말은 김대중 대통령이 1998년 4월 3일 영국을 방문했을 때 런던대학교에서 행한 연설에서 처음 사용한 이후 정착된 용어이다. 겨울 나그네의 외투를 벗게 만드는 것은 "강한 바람(강경정책)"이 아니라, "따뜻한 햇볕(유화정책)"이라는 이솝우화에서 인용한 말이었다. 국가기록원(https://www.archives.go.kr/next/search/listSubjectDescription.do?id=003343&sitePage=1-2-1).

성을 추진한다. 김대중 정부는 남북 간의 평화공존이 가능하기 위해서는 북한이 어느 정도 경제적 어려움을 벗어나는 것이 필요하다고 보고 민간경제 분야에서도 경제협력을 추진하여 남북경협 활성화를 위한 제반 조치를 취하였다. 즉 「3단계 통일방안」이라는 '화해·협력 → 남북연합 또는 민족동질성 회복단계 → 1민족 1국가 통일 국가' 형성 과정에서, 특히 화해·협력을 통한 민족동질성 회복의 남북관계 개선을 이루려는 목표가 강했다.

구체적으로 '선화해협력, 후통일'을 주창하며 교류협력이 항구적으로 정착되는 실질적인 통일의 상태de facto unification를 추구하였고, 정경분리 원칙 하에 민간차원의 대북경제협력을 중심으로 북한에 대한 지속적인 경제적 지원과 협력을 추진한 것이다.[34] 대표적으로 1998년 4월 남북경협활성화 조치 후 같은 해 6월 정주영 현대그룹 명예회장의 소떼방북 및 금강산관광개발사업 추진 등이 있다.

이와 동시에 국제 사회의 지지와 공조를 확보하고 북한의 호응을 촉구하기 위해 2000년 3월 독일에서 「베를린선언」[35]

---

34   김종갑, 「햇볕정책의 정치적 의미와 남남갈등의 극복방안」, Vol.12, No.2, 통일연구원 통일정책연구, 2003, 46~47쪽.

35   2000년 3월 9일 독일 베를린 자유대학 강연에서 열린 연설로, 베를린선언이라 불리었으

을 발표했고, 그로부터 3개월 후 역사적인 남북정상회담의 결실을 맺게 되었다. 이로써 분단 55년만에 최초로 성사된 남북정상회담2000.6.15은 세계의 이목을 집중시켰다. 최초의 남북한 정상 간 남북한 정상의 최초 만남과 회담은 그 자체로도 역사적 의미가 적지 않은 것으로 평가되지만, 직접 합의하여 성과를 도출함으로써 평화통일 실현으로 나아가는 길의 중대한 의의를 지니는 회담이었다.

그 이후 남북관계는 개성공단 건설에 대한 협의, 금강산 관광사업 활성화 추진, 철도와 도로 연결사업 및 이산가족 상봉 추진 등을 통해 새로운 전환점을 만들었다.

당시 외환위기 직후 어려운 경제상황 속에서 남북관계가 개선되고 민간차원의 경제협력과 교류가 증가할 것이라는 기대가 높아졌으나, 대통령 임기만료를 앞둔 시점에서 발생한 제2연평해전[36]과 북한의 NPT 탈퇴선언 등은 북한에 대한 포

며, 남북정상회담(2000.6.13)에 기여한 측면이 지대하다는 평가를 받고 있다. 선언의 주요 내용은 ① 독일과 대한민국의 역사적 유사성, ② 독일의 통일교훈과 햇볕정책에 미친 영향, ③ 북한에 대한 세 가지 원칙(무력도발불용, 흡수통일배제, 남북화해협력) 제시이다. 통일부, 『2001 통일백서』, 2001, 10~11쪽.

36 한국 국방부는 2008년 4월 10일 정책브리핑을 통해 2002년 6월 29일 연평도 인근 해상에서 발생한 '서해교전'의 명칭을 '제2연평해전'으로 명칭을 변경하겠다고 발표하였다. 국방부 설명에 따르면, '교전'은 소대급 지상군 전술 교리에 적용하는 용어인 반면 '해전'은 국가전략을 달성하기 위한 국가 차원의 전쟁을 말한다. 대한민국 정책브리핑, 「서해교전 명칭 '제2연평해전'으로」, 2008.4.10(https://www.korea.kr/news/policyNewsView.

용적인 정책 시행에도 불구하고 한반도 평화정착의 난제를 여실히 드러냈다.

4) 노무현 정부 2003.2~2008.2 평화번영정책

노무현은 인권변호사 출신으로 한국 최초의 정치인 팬클럽인 '노사모'[37]가 결성되기도 하였다. 그러나 노무현이 이끄는 참여정부가 출범할 당시 국내외 정세는 결코 순탄치 않았다. 9·11테러 이후 받은 충격이 미국의 대북정책에도 영향을 끼친 가운데, 2003년 초 제2차 북핵위기 및 NPT 탈퇴선언은 북한과 미국의 치열한 심리전을 예고하였다. 한국 최초로 성사된 남북정상회담 2000.6.15 이후 남북관계의 개선을 기대했던 바와 달리 그에 대한 대가로 무력충돌과 위협이라는 결과를 마주하게 되자 국민들은 적지 않은 허탈감을 느끼고 관련 문제를 둘러싼 지지와 비판을 동시에 보여주는, 이른바 남남갈등이 본격적으로 가시화되었다.

---

do?newsId=148650560).

37 2000년 제16대 국회의원 선거 당시 당선이 유력시되던 서울 종로를 떠나 지역주의 타파를 내걸고 부산에 출마하여 낙선하였다. 이후 '바보 노무현', '아름다운 바보'라는 애칭이 주어지며 한국 정치사상 최초의 정치인 팬클럽인 '노무현을 사랑하는 모임', 즉 '노사모'가 결성되었다. 한국향토문화전자대전(http://www.grandculture.net/ko/Contents?dataType=01&contents_id=GC04203953).

노무현은 대통령 취임 연설2003.2.25을 통해 "남북관계에서 어떠한 어려움이 닥치더라도 대화를 통해 평화적으로 해결해 나가야 한다"고 강조하였고, 국민의 정부가 제시했던 통일정책의 역사를 계승하고 발전시켜 나갈 것이라는 의지를 간접적으로 표명하였다.[38] 이에 따라 참여정부는 평화번영정책을 제시하였다.

노무현 정부가 제시한 평화번영정책은 통일·외교·안보 분야를 포괄하는 종합적인 국가발전전략이다. 남북경제공동체 구축을 통해 평화통일의 기반조성과 동북아 경제 중심 국가로의 발전토대를 마련하고자 하였다. 이 배경에는 한국의 경제력 발전과 민주화로 인한 자신감에서 비롯되었다고 볼 수 있다. 특히 외환위기 극복과 6·15남북정상회담 성사는 남북관계 개선 및 평화통일 실현에 대한 기대감으로 이어져 동북아 중심 국가로 발돋움하여 한반도 및 동북아 평화와 번영을 선도하겠다는 의지를 보인 것이라 해석할 수 있다. 이와 관련, 노무현은 2004년 12월 프랑스 소르본느대 강연 중 "한국이 화해의 전령사가 되고, 한반도가 평화의 진원지가 될 때

---

38   행정안전부 대통령기록관, 「제16대 대통령 취임 경축연 연설」, 2003.2.25(https://www.pa.go.kr/research/contents/speech/index.jsp).

동북아에는 새로운 역사가 펼쳐질 것입니다"라고 강조한 바
있다.[39]

평화번영정책은 '햇볕정책의 계승과 발전'이라 할 수 있
다. 먼저 '계승'은 지난 정부국민의 정부가 추구해 온 화해협력, 평
화공존, 민족동질성 회복에 기초한 점진적 통일의 '대화를 통
한 문제 해결'을 의미한다. 이는 '6·15공동선언의 정신'을 이
어받아 남북 간 신뢰를 구축하고 발전적이고 획기적인 교류
협력을 추진하는 데 의미가 있다. 구체적으로 개성공단, 금강
산 관광, 철도 및 도로 연결, 지하자원개발 등 남북경협사업의
확대를 비롯한 이산가족 문제, 국군포로 및 납북자 문제, 북한
영유아 지원 등의 인도적 문제 해결을 위한 지속적인 협력 구
조로 발전시켜 나가고자 하였다.[40]

다음으로, '발전'은 햇볕정책의 문제점을 보완하기 위한 것
이었다. 남북관계 개선을 넘어서 동북아 평화와 공동번영을
이루기 위해 노력하겠다는 의지를 드러낸 것이기도 하다. 예
컨대 2005년 5월 3일, 남북교류협력법을 개정하여 법적 제
도적 인프라의 개선 및 확충에 주력하였고, 같은 해 10월 28

---

39   대통령비서실, 「프랑스 소르본느대 강연」, 『노무현대통령연설문집』 제2권, 노무현사료
      관, 2004.12.6(http://archives.knowhow.or.kr/record/all/view/16066).
40   통일부, 『2008 통일백서』, 2008, 29~35쪽.

일, 개성에 개소된 남북경제협력협의사무소는 분단 이후 최초로 북한지역에 상주하는 당국 사무소로 남북당사자간 직접 접촉을 통해 직거래할 수 있는 공식적인 통로를 마련하여 경협을 추진하는 것이다.[41]

노무현 정부는 북한이 응한다면 언제 어디서나 정상회담을 개최할 용의가 있음을 밝혀 온 가운데 북핵 문제 관련하여 어느 정도 여건이 충족되어야 현실적이고 구체적으로 추진할 수 있다는 점을 강조해 왔다.[42] 그러나 북한의 핵실험2006.10.9은 단행되었고, 이 위기 상황을 타개하기 위해 국제 사회가 함께 노력하던 중[43] 두 번째 남북정상회담2007.10.2~4이 평양에서 개최되었고, 남북정상은 평화정착, 공동번영, 화해통일을 합의한 「10·4선언」[44]을 발표하기에 이르렀다. 이 선언의 핵심은 김대중 정부 시절의 「6·15공동선언」을 구현하고 교류·

---

41   통일부, 『2006 통일백서』, 2006, 27쪽.

42   통일부, 『2008 통일백서』, 2008, 55쪽.

43   2007년 2월 6자회담을 통해 2.13합의가 이루어지고, 연이어 2월 15일 남북장관급회담 실무대표접촉이 성사됨으로써 중단된 남북 대화가 복원되었다. 통일부, 앞의 책, 2008, 43쪽.

44   주요 내용은 총 8개항으로, 1) 6.15 공동선언을 적극 구현, 2) 상호 존중과 신뢰의 남북관계로 확고히 전환, 3) 군사적 긴장완화와 신뢰구축 추진, 4) 항구적 평화체제 구축과 종전선언 논의 실현 노력, 5) 남북 경협의 확대발전, 서해평화협력특별지대 설치, 6) 역사, 언어, 교육, 과학기술 등 사회문화분야 교류 협력 발전, 7) 남북간 인도적 협력 적극 추진, 8) 국제무대에서의 공동 협력 강화; 남북정상선언을 위한 총리회담을 11월 중 서울에서 개최; 남북관계발전을 위해 남북 정상이 수시로 만나 현안 문제 협의. 통일부, 앞의 책, 2008, 51~52쪽.

협력을 증진하는 데 있으며, 바로 이것이 노무현 정부의 통일 문제 해결을 위한 궁극적인 목표라 할 수 있다. 즉 통일 문제를 남과 북이 자주적으로 해결해 나가고 민족경제를 균형적으로 발전시키며 다양한 영역에서의 협력과 교류를 활성화하여 상호신뢰를 다져 나가는 데 주력하고자 한 것이다. 간단히 말해 이 시기 통일 문제의 핵심은 민족의 존엄과 이익을 중시하고 남과 북이 자주적으로 해결해야 한다는 데 있다고 볼 수 있다.

5) 이명박 정부^{2008.2~2013.2} 상생과 공영의 대북정책

이명박은 대기업 CEO을 거쳐 서울시장 시절에 보여준 행정력을 바탕으로 경제회생의 적임자라는 기대 속에서 당선되었다.[45] 세계적인 금융위기 속에서 경제대통령의 이미지를 갖고 출범한 이명박 정부는 '실용'을 강조하며 지난 10년의 진보 정권이 추진했던 통일정책과 차별화를 두었다. 이에 따라 이명박은 대통령 취임 이후 남북관계를 '이념의 잣대'가

---

45   2007년 초부터 시작된 미국발 경제위기는 전세계로 확산되고 있었고, 국내 경제에도 큰 타격을 받았다. 이에 당시 이명박 후보는 연평균 7%경제성장, 10년 뒤 1인당 소득 4만 달러, 7대 강국 진입을 이루겠다는 공약을 내세웠다. 한경 용어사전(https://dic.hankyung.com/economy/view/?seq=7496).

아니라 '실용의 잣대'로 풀어나가겠다는 큰 방향을 제시하였다.[46] 이는 이명박 정부의 국정철학인 실용주의와 맥을 같이한 것이며, 모든 정책은 문제 해결에 있어 실질적 성과를 거두어야 하고, 현실적 적합성을 지녀야 한다는 의미로 해석할 수 있다.[47]

이러한 배경에서 이명박 정부는 새로운 통일정책으로서 '상생과 공영의 대북정책'을 제시하였고, '실용과 생산성에 기초한 상생과 공영의 남북관계 발전'을 이루어 한반도 평화통일의 실질적 토대를 확충해 나가고자 하였다.

'상생과 공영의 대북정책'의 핵심은 남북이 서로 상생하는 쌍방향 협력관계로 발전시켜 나가는 데 있다.[48] 예컨대 핵 문제를 포기하는 만큼 그에 따라 상응하는 보상을 하겠다는 것이다. 이러한 방향에 따라 비핵화를 실현하고 남북 대화를 통해 평화통일의 기반을 마련한다는 원칙을 제시하였다. 이른바 '퍼주기식'의 경협에서 벗어나 남한의 자본 기술과 북한의 자원 노동력을 상호 결합하여 남과 북 모두에게 새로운 성장

---

46   행정안전부 대통령기록관, 「제17대 대통령 취임사」, 2008.2.25(https://www.pa.go.kr/research/contents/speech/index.jsp).

47   통일부, 『2009 통일백서』, 2009, 17쪽.

48   통일부, 『2010 통일백서』, 2010, 18쪽.

동력을 창출하는 협력을 이끌겠다고 선언한 것이다.[49]

대표적으로 '비핵개방3000'[50]은 남북공영을 위한 로드맵이다. 기본적으로 남북간의 경제공동체 건설을 통해 남과 북이 화해하고 공존공영하자는 것이다. 이렇게 되면, 북한의 경제에 실질적으로 기여할 수 있고 더 나아가 북한이 국제 사회와 교류할 수 있는 국제적인 환경을 조성할 수 있게 되어 궁극적으로 평화통일의 실질적인 기반이 다져질 수 있을 것이라 판단한 것이다.[51] 그리고 이러한 전략적 구상 및 세부실천 방안의 추진은 새롭게 신설한 상생공영포럼을 주축으로 사회 각계 여론 주도층과의 정책 대화 및 유관부서와의 협력을 통해 국민 여론을 수렴함으로써 추진동력을 얻고자 하였다.[52]

그밖에도, 이명박은 2010년 8월 15일 광복절에 "통일은 반드시 올 것이다. 통일세 등 현실적인 방안을 준비할 때가 되었다"라고 언급하였다. 대통령의 발언 이후 대내적인 파급력이 적지 않았다. 이 통일세 주장은 독일 통일 직후인 1991년

---

49   통일부, 『2009 통일백서』, 2009, 21쪽.
50   이명박 정부가 북한의 핵 포기 결단을 유도하기 위해 제시한 대북정책 구상이다. 북한이 핵을 포기하고 개방의 길로 나선다면 한국은 국제 사회와 함께 10년 내에 북한의 1인당 국민소득이 3,000달러 수준이 될 수 있도록 지원한다는 것이다. 국립통일교육원, 『남북관계지식사전(2015)』, 국립통일교육원 연구개발과, 2015.12.31, 514~516쪽.
51   통일부, 앞의 책, 2009, 40~41쪽.
52   통일부, 앞의 책, 2009, 35쪽.

에 한국개발연구원에 의해 제기된 바 있다. 그러나 당시 흡수통일과 조세부담 증가를 우려하는 여론으로 인해 실제로 추진되지 못하였다.[53] 바로 이 논의가 10년 만에 다시 공론화된 것이다. 이에 일부는 즉흥적인 정치적 발언이라며 신중하지 못했다는 지적을 했고,[54] 북한의 대남기구 조국평화통일위원회는 대통령의 통일세 관련 언급이 전면적인 체제대결 선언이라며 강하게 비난하였다.[55]

6) 박근혜 정부 2013.2~2017.5 한반도신뢰프로세스정책

박근혜는 아버지 박정희의 뒤를 이은 한국 최초의 부녀대통령이자 여성 대통령이다. 대통령 취임 당시 남북관계가 대결 구도로 치닫는 상황 속에서 북한의 제3차 핵실험 2013.2.12 까지 발생해 안보 불안이 심화되고 있었다. 이에 박근혜 정부는 그동안 남북 간 많은 합의와 약속들이 남북관계를 이끌어 나가는 지속적인 동력으로 작용하지 못한 점을 지적하며 이 국

---

53 「통일세 1991년 첫 거론… 세부담 등 우려 논의 잠복」, 『한겨레』, 2010.8.15(https://www.hani.co.kr/arti/politics/politics_general/435106.html).

54 「MB 통일세 꺼냈다가 무산 문, 아직 만지작」, 『프라임경제』, 2020.8.20(http://www.newsprime.co.kr/news/article/?no=514902).

55 「북 통일세 제안은 불순한 체제대결 선언 비난」, 『연합뉴스』, 2010.8.18(https://news.naver.com/main/read.naver?mode=LPOD&mid=tvh&oid=001&aid=0004611185).

면을 '북한의 도발→위기→타협→보상→도발'의 악순환
이 반복되었다고 표현하였다.

그리고 이와 같은 상황이 반복되게 된 근본 원인이 바로
'신뢰의 부재' 때문이라고 강조하였다. 한반도 문제의 해결은
남북 간 신뢰의 회복으로부터 시작되어야 한다는 것이다. 단
지 남북한 사이에만 국한되지 않고 국민과 국제 사회의 신뢰
가 정책의 가장 중요한 기반이 된다고도 덧붙였다. 즉 남북
간 신뢰뿐만 아니라 국민, 국제 사회로부터의 공감을 얻을 때
에야 비로소 원활한 정책 추진이 가능하며, 국론 결집이야말
로 한반도 통일시대를 이끌어가는 밑거름이 될 것이라는 것
이다.[56]

박근혜 정부는 '한반도신뢰프로세스정책'을 제시함으로써
튼튼한 안보를 바탕으로 한 남북 간 신뢰를 형성하고자 하였
다. 이 정책은 튼튼한 안보를 바탕으로 남북 간 신뢰를 형성
하여 남북관계를 발전시키고, 한반도에 평화를 정착시키며,
나아가 평화통일의 기반을 구축하는 것을 목표로 하였다.[57]

궁극적으로, 남북관계의 급선무는 북핵 문제 해결이며, 이

---

56   통일부, 『2014 통일백서』, 2014, 12~17쪽.
57   통일부, 『박근혜정부의 통일구상』, 2015, 26쪽.

는 '신뢰'가 형성되면 비로소 해결할 수 있으며, 이것이 바로 평화통일로 가는 방향이라고 주장한다. 그 이후 박근혜는 2014년 대통령 신년구상 발표 및 신년 기자회견에서 "통일은 대박bonanza"라는 비전을 내보이며, "지금 국민들 중에는 통일비용이 너무 많이 들지 않겠느냐. 그래서 굳이 통일을 할 필요가 있겠냐고 생각하는 분들도 계신 것으로 안다. 그러나 저는 한마디로 통일은 대박이라고 생각한다"라고 말하였다.[58] 『통일백서』[2015]에서는 '통일대박론'에 대해 젊은 세대를 포함한 국민들이 통일을 친근하게 인식하도록 하는 데 주력한 것이라고 강조하였다. 한반도 통일이 평화와 번영의 기회와 희망을 안겨줄 수 있으며, 지속가능한 성장의 원천이 될 것이라는 설명이다.[59] 이에 대해 보수진영 언론은 국민의 63%가 '공감한다'라고 답했고, '별로 공감하지 않는다'는 응답[33.3%]의 2배 가량 많았다고 보도하였다.[60]

반면에 진보진영 언론에서는 '대박'이라는 말이 일반적으로 '크게 흥행하다', '큰 돈을 벌다' 등의 뜻으로 많이 쓰이는

---

58 행정안전부 대통령기록관, 「대국민 담화 및 기자회견」, 2014.1.6(https://www.pa.go.kr/research/contents/speech/index.jsp).

59 통일부, 『2015 통일백서』, 2015, 13~14쪽.

60 「"통일은 대박" 국민 63% 공감」, 『YTN』, 2014.2.5(https://www.ytn.co.kr/_ln/0101_201402051228570010).

점을 지적하였다. 공식 기자회견 자리에서 속어를 사용한 데 대한 쓴소리와 함께 통일을 도박과 같은 논리로 접근해서는 안 된다고 비판하였다.[61] 당시 북한의 반응은 통일대박론을 흡수통일론으로 규정하면서 강한 거부감을 드러낸 것으로 전해진 바 있다.[62]

그럼에도 불구하고, 구체적인 교류협력의 방향을 제시하였다. 대표적으로 한국 최초의 민관정이 함께하는 통일준비의 협력모델로서 대통령 직속의 통일준비위원회[2014.7~2017.4]를 발족시켰고, 통일 한반도의 청사진을 만들어 나가고자 하였다. 이러한 구상에 따라 「8·25합의」[2015.8.22~24][63], 이산가족 상봉[2015.10.20~26], 제1차 남북당국회담[2015.12.11~12][64] 등이 추진되었다.

7) 문재인 정부[2017.5~2022.5] 문재인의 한반도정책

문재인은 인권변호사 출신으로 노무현 대통령 시절의 비

---

61 「"통일은 대박이다" 발언에 "통일이 도박입니까"」, 『경향신문』, 2014.1.6(https://www.khan.co.kr/politics/president/article/201401061613501).

62 「'통일대박론'을 바라보는 김정은의 시각 드러나」, 『월간조선』, 2014.11.10(http://monthly.chosun.com/client/news/viw.asp?ctcd=&nNewsNumb=201411100010).

63 8월 22~24일 남북 고위당국자접촉이 개최되어 북측의 지뢰폭발 유감 표명; 남측 확성기 방송 중단; 북측 준전시상태 해제; 추석계기 이산가족 상봉행사 개최 및 적십자 실무접촉 9월초 개최; 민간교류 활성화 등 6개항 합의이다. 통일부, 『2016 통일백서』, 2016, 276쪽.

64 그러나 상호간의 입장차이를 좁히지 못하고 별도의 합의사항 없이 회담을 종료하였다. 통일부, 『2015 통일백서』, 2015, 147쪽.

서실장으로 알려진 인물이었다. 또한 실향민의 아들로도 유명하다. 문재인은 과거 『대한민국이 묻는다』라는 책에서 남북통일이 된다면 북한 흥남에서 무료 변호 상담을 하면서 생을 마치고 싶다고 말하며 통일에 대한 염원을 밝혀왔다.[65]

2017년 5월 문재인 정부는 '평화와 번영의 한반도'를 국정지표로 내세우며 출범하였으나, 시작은 순탄치 않았다. 2016년 2월 개성공단 폐쇄 이후 남북은 최소한의 연락 채널조차 부재한 상황이 지속되었고, 문재인 대통령 취임 4개월여 만에 북한은 제6차 핵실험[2017.9.3.]을 단행하였다. 이에 국제 사회역시 대북 제재를 강화하며 한반도에는 전례 없는 군사적 긴장이 조성되었다.

그럼에도 문재인은 「베를린 구상」[2017.7.6][66] 발표 이후 이를 구체화한 '문재인의 한반도정책'을 발표[2017.11.21]하였고, 한반도 문제를 "우리[남북]가 주도"하면서 "국제 사회와의 협력"을 통해 추

---

65   통일 후 북한에서 변호사를 하고 싶다고 밝힌 이유에는 "북한 사람들은 자본주의에 훈련이 되어 있지 않았으니 상당히 순진할 수밖에 없고 어려운 일을 많이 당할 것 같다"고 대답했으며, "개마고원 트레킹도 해보고 싶다"고 말하였다. 문재인, 『대한민국이 묻는다』, 21세기북스, 2017, 29~30쪽.

66   문재인은 2017년 7월 6일 독일 쾨르버 재단 연설을 통해 정부의 북핵 문제 해결 및 한반도 평화체제 구축을 위한 구체적인 정책 방향을 제시하였다. 이를 베를린 구상이라 일컫고, 주요 내용은 한반도 비핵화 추구, 항구적 평화체제 구축, 한반도 평화협정 체결 추진이 담겨있었다. 통일부, 『2018 통일백서』, 2018, 15쪽.

진한다는 기조하에 지속가능성을 확보해 나가겠다고 밝혔다.

문재인의 한반도정책은 '평화 공존'과 '공동 번영'을 양대 비전에 기초하여 북한, 동북아이웃 국가, 국제 사회가 함께 한반도와 동북아를 아우르는 장기적이고 포괄적인 정책이다.

이 정책은 크게 네 가지 의미를 내포하는데, 첫째, 평화 최우선 추구이다. 즉 문재인 정부가 말하는 평화는 경제적 번영을 위한 토대로서 최우선의 가치이자 정의로 설명한다. 둘째, 상호 존중의 정신이다. 북한 붕괴 불원, 흡수통일 및 인위적 통일을 추구하지 않는 이른바 '3-No'를 통해 남과 북이 서로 존중하고 협력하면서 함께 잘 사는 한반도를 추구한다. 셋째, 국민과 함께 하는 열린 정책이다. 정책 결정과 집행 과정에서 국민의 참여와 쌍방향 소통을 통해 국민이 공감하고 함께 만들어가는 정책을 지향한다. 넷째, 국제 사회와의 협력이다. 한반도 문제는 남북 문제이자 국제 문제이기에 북핵 문제 해결 및 한반도 평화를 위해 국제 사회와 소통하고 협력을 확대하겠다는 것이다.[67]

대표적으로 한반도 신경제지도 구상은 '문재인의 한반도 정책'의 3대 목표 중 하나인 '한반도 신경제공동체 구현'의 핵심으로, 환동해권에너지, 자원 벨트, 환서해권물류 산업 벨트, 접경지역평

---

67   통일부, 『2018 통일백서』, 2018, 41쪽.

화 벨트의 3대 권역별 계획과 하나의 시장경제공동체 계획으로 구성되어 있다. 한반도의 경제적 통합을 통해 동북아시아의 평화와 번영에 기여하겠다는 비전을 담았다. 특히 이 구상은 신북방정책,[68] 신남방정책[69] 등을 추진함으로써 남북한을 넘어 미·중·일·러 등과도 유대를 강화하여 경제협력 사업 확대를 도모하여 네트워크 확대의 가속화를 추진하였다.[70]

이와 동시에 문재인 정부 출범 이후 북한을 향해 대화의 장으로 나올 것을 지속적으로 촉구하였다.[71] 2018년 남북관계는 극적으로 위기에서 벗어나, 새로운 국면을 맞이하였다. 평창동계올림픽 개막식2018.2.9에서의 남북한 선수단 공동입장이 그것이다. 이로써 완전히 단절되어 있던 남북관계가 일촉즉발의 전쟁 위기에서 대화를 재개하는 극적인 드라마를 쓰게 된 것이다. 이 결과, 남북은 판문점선언2018.4.27과 평양선언2018.9.19을 연이어 채택하게 되며, 「6·15선언」, 「10·4선언」의

---

68 신북방정책 핵심 국가 : 러시아, 몰도바, 몽골, 벨라루스, 아르메니아, 아제르바이잔, 우즈베키스탄, 우크라이나, 조지아, 중국, 카자흐스탄, 키르기스스탄, 타지키스탄, 투르크메니스탄

69 신남방정책 핵심 국가 : 브루나이, 캄보디아, 인도, 인도네시아, 라오스, 말레이시아, 미얀마, 필리핀, 싱가포르, 타이, 베트남

70 통일부, 앞의 책, 2018, 24쪽.

71 문재인은 베를린구상(2017.7.6) 외에도 2017년 8월 15일 광복절 경축사에서 "평창동계올림픽을 남북이 함께 평화올림픽으로 만들어야 한다"고 호소하였고, 유엔총회 기조연설(2017.9.21)에서도 북핵 문제 평화적 해결과 북한의 평창동계올림픽 참가를 제안하였다.

효력을 상기시켜 남북관계를 복원시키겠다는 의지를 보였다. 그중 두 정상의 판문점 도보다리 산책 장면은 군사적 긴장이 멈추고 평화의 기운을 감돌게 하였다.

그러나, 2019년 하노이 북미정상회담 결렬의 여파와 코로나19의 전 세계적 확산 속에서 남북관계는 또 다시 교착상태에 머물게 되었다. 더구나 남북 간 통신선 차단[2020.6.9], 남북공동연락사무소 폭파[2020.6.16], 서해상 한국인 피격 사망사건[2020.9.21] 등의 사건이 발생하며 한반도 긴장감은 한층 고조되었다.

2. 중국 본토의 일국양제一国两制[72]

중국은 '하나의 중국'[73]과 '평화적 통일' 등을 핵심으로 하는 '일국양제一国两制' 통일방안에 기초해 통일정책을 내세우고

---

72 이 책에서는 중국 본토의 통일정책만 다루고 있다. 중국 본토의 '일국양제'는 양안의 통일 이후 대륙의 사회주의와 대만의 자본주의가 공존할 수 있다는 하나의 국가, 두 개의 제도에 중점을 두었다. 한편 대만은 하나의 중국을 통일의 기본 원칙으로 설정하고 있으나, 내면적으로 우선 중국으로부터 대만의 정치적 실체를 보장받고 양안관계를 일국양구로 확립하는 데 중점을 두고 있다는 차이가 있다. 보다 구체적인 내용은 문흥호 교수의 책을 참고할 수 있다. 문흥호, 『대만 문제와 양안관계』, 폴리테이아, 2007.

73 베이징에 있는 정부가 유일 합법정부로서 중국을 대표하며, 제3국과의 외교관계 수립시 이를 관철해야 한다는 주장을 원칙으로 내세우고 있다.

있다. 그 배경에는 덩샤오핑邓小平 당시 중국 지도부가 추진한 '4개 현대화농업, 산업, 과학기술, 국방의 현대화 추진'정책, 대만과의 관계 재정립, 홍콩과 마카오 문제와의 연계성에 있다.

특히 4개 현대화정책의 주요 골자는 중국 자국 내 해외 자본 유치와 반관반민 형태의 경제 협력 조직을 형성하고, 해외 화교 자본과 경영 노하우 등을 토대로 한 경제특구를 지정하면, 사회주의 현대화 건설에 유리할 뿐 아니라, 홍콩과 마카오의 민심을 비교적 안정시키고, 이는 대만과의 통일을 촉진할 수 있다고 본 데 있다.

1979년 1월 1일, 중국 전국인민대표대회 상무위원회全国人大常委会는 「대만 동포에게 보내는 서한告台湾同胞书」을 발표하면서 평화 통일을 중국 공산당과 중국 정부가 대만 문제를 해결하고 조국 통일을 이루기 위한 기본 정책으로 채택하였다.[74] 이때 덩샤오핑은 중국 대륙의 사회주의 현대화 건설과 대만의 현실을 고려하며 '하나의 국가, 두 개의 체제', 즉 '일국양제' 구상을 제안하였다.

1980년대 중반, '일국양제'는 먼저 홍콩 문제 해결에 적용

---

74 해당 『인민일보』 자료는 중국 국가박물관 홈페이지에서 확인할 수 있다. 中国国家博物馆, 1979年1月1日 『人民日报』刊登『告台湾同胞书』(https://www.chnmuseum.cn/zp/zpml/gzhww/202104/t20210401_249391.shtml).

되었고, 그 이후, 덩샤오핑은 '일국양제'가 대만의 최대 이익을 고려할 수 있으며, 조국의 평화적 통일을 실현하는 최선의 방법임을 강조하였다. 1986년 9월 2일, 덩샤오핑은 미국 CBS 방송 기자와의 인터뷰에서 '일국양제' 방식으로 통일 문제를 해결하는 것에 대해 "대만의 사회 제도와 생활 방식은 변하지 않을 것이며, 대만 인민은 손해를 보지 않을 것台湾的社会制度和生活方式不会变, 台湾人民没有损失"이라고 언급하였다.

중국은 덩샤오핑의 구상에 기초하여 '일국양제'를 임시방편이 아닌 중국 공산당과 중국 정부가 대만 현실을 고려하여 조국 통일을 추진하기 위한 정책이라 강조하며, "전국인민대표대회가 이미 일국양제 정책을 통과시켰으며, 이 정책은 변하지 않으니 걱정할 필요가 없다. 변화의 결정 요인은 이 정책이 옳은가에 있으며, 옳지 않다면 변할 수 있지만, 옳다면 변할 수 없다全国人民代表大会已经通过了"一个国家, 两种制度"这个政策, 不用担心这个政策会变, 变化的决定因素是"这个政策对不对", "如果不对, 就可能变, 如果是对的, 就变不了"라는 확고한 입장을 드러냈다. '일국양제' 구상이 통일된 국가 내에서 장기적으로 사회주의와 자본주의라는 두 가지 상이한 제도 형태를 허용하며, 대만 당국의 최대 이익을 고려하여 조국의 평화적 통일을 추진한다는 것이다.[75]

이 정책적 구상은 1993년에 중국 국무원 신문판공실中华人

民共和国国务院新闻办公室에서 발표한『대만 문제와 중국의 통일 문제台湾问题与中国的统一』백서를 통해 본격적으로 구체화하기 시작하였다. 중화인민공화국 국무원 신문판공실은 1991년 1월에 설립되었으며, 중국의 다양한 국내외 정책, 경제 발전, 사회 변화, 국방, 환경, 인권 등에 관한 상세한 정보를 제공한다. 이 기관은 중국의 공식 입장을 국제 사회에 명확하게 전달하는 역할을 수행하고 있다.

대표적으로, 대만 문제 및 조국 통일2000·2022에 대한 중국의 기본 입장, 홍콩 문제에 대한 시진핑 집권 시기의 구상2014·2021 등이 공식 문서인 백서를 통해 정책의 정당성을 국제 사회에 밝히는 것이다. 이 책은 1993년, 2000년, 2022년 총 세 차례에 걸쳐 발간된 통일 문제 관련 백서의 내용을 중심으로 중국의 통일정책을 면밀히 살펴보고자 한다.

1) 1993년 장쩌민江泽民 시기

대만 문제와 중국의 통일台湾问题与中国的统一[76]

"국가통일과 영토보전 수호는 모든 주권 국가의 신성한 권

---

75   中国台湾网, "邓小平对台和平统一构想回顾 – 通过"一国两制"实现和平统一",
      2019.9.3(http://www.taiwan.cn/plzhx/zhjzhl/zhjlw/201909/t20190903_12198596.htm).
76   中华人民共和国国务院新闻办公室, 『台湾问题与中国的统一』, 1993.8.31

리이며 국제법의 기본 원칙이다維护国家统一和领土完整, 是每个主权国家的 神圣权利, 也是国际法的基本原则". 이는 중국이 처음 발표한 『대만 문제 와 중국의 통일 문제』 백서의 첫 문장이다. 즉 내정불간섭은 유 엔헌장의 정신에도 어긋난다는 지적으로 시작한 것이다.

이 백서에서는 대만 문제 현황과 대만 문제 해결에 대한 중국 정부의 입장을 명확한 전달하고자 하였으며, '평화통일 과 일국양제'에 대해 다음과 같이 설명하였다.

첫째, '하나의 중국'이다. 중국은 이 백서를 통해 중국 내 모든 지역과 대만이 하나의 주권 국가에 속해 있으며, 이는 국제 사회에서도 널리 인정받고 있음을 강조하였다. 바로 이 것이 대만 문제의 평화적 해결을 위한 전제 조건이라는 것이 다. 또한 '두 개의 중국'이나 '하나의 중국, 하나의 대만'과 같 은 제안을 강력하게 반대하며, 모든 외교관계와 국제 조직에 서 중화인민공화국이 중국을 대표한다는 사실을 명시하였다.

둘째, 두 체제의 공존이다. 중국은 대만에 일정 수준의 자 치를 유지하면서 중국의 일부로 남는 '일국양제' 방안을 제안 한다는 입장이다. 이는 대만이 자본주의 시스템과 생활 방식 을 유지하면서도 중국의 일부가 될 수 있다는 것을 의미하며,

(http://www.scio.gov.cn/zfbps/ndhf/1993n/202207/t20220704_129906.html).

대만에 고도의 자치권을 부여하는 것을 포함한다. 이것은 통일 이후 중국 국가 시스템의 주요 특징이 될 것이라고 보았다. 가령, 대만의 현재 사회 경제체제, 생활 방식, 외국과의 경제 및 문화관계는 변하지 않을 것이고, 사유 재산, 주택, 토지, 사업 소유권, 법적 상속, 화교 및 외국인 투자 등 역시 모두 법으로 보호될 것이라는 의미이다.

셋째, 높은 수준의 자율성이다. 대만은 행정, 입법, 독립적인 사법권 및 최종 판결권을 가지며, 당, 정부, 군사, 경제, 재정 등을 독자적으로 관리할 수 있다고 강조한다. 또한 외국과의 상업 및 문화 협정 체결, 외교 문제에서 일정한 권한을 행사하고, 중앙 정부는 대만에 군대나 행정 인력을 파견하지 않으며, 대만 특별행정구 정부와 다양한 분야의 대표들이 국가권력기관의 주요 직책을 맡아 국정 운영에 참여할 수 있다고 하였다.

넷째, 평화적 통일이다. 협상을 통해 조국통일을 실현하는 것은 모든 중국인의 공통된 염원이라는 데 기초한다. 중국은 대만과의 문제를 평화적인 방법으로 해결하고자 하며, 무력 사용을 지양하고 대화를 통한 문제 해결을 추구한다는 기본 입장을 밝혔다. 적대상태를 종식시키고 평화통일을 실현하기 위하여 두 지역 간의 긴장을 완화하고 대만과의 경제적, 문화적 교류를 확대하여 점진적으로 통일을 이루어가고자 한다는 것이다. 대만 문제는 순전히 중국 내정이므로 제2차 세계대전 이후 국제협약에 의해 형성된 독일과 한국 / 북한 문제와는 다르다는 점을 지적하였는데, 이말인즉슨 대만 문제를 '하나의 중국' 틀 안에서 양안 협의를 통해 합리적으로 해결해야 한다는 것이다.

중국은 백서를 통해 '하나의 중국' 원칙을 재확인하고, 이를 국제 사회에서 인정받고자 하였다. 백서에서 중국은 대만에 대해 높은 수준의 자율성을 한다고 하면서도 중국의 일부로서의 지위를 유지하는 '일국양제' 모델을 제안한 것이다 또한, 평화적 통일을 강조는 동시에 대만 문제를 중국 내정의 일환으로 보고, 국제 사회로부터의 내정 간섭을 배제하는 입장을 명확히 하였다. 중국은 대만과의 관계 개선과 평화적 통일을 목표로 설정하고, 이를 달성하기 위한 다양한 정책과 조치들을 적극 추진하고자 하였다.

2) 2000년 장쩌민江澤民 시기

'하나의 중국' 원칙과 대만 문제一个中国的原则与台湾问题

중국은 '하나의 중국' 원칙을 견지하는 자국의 입장을 국제 사회에 설명하기 위해 관련 백서를 발간하여 대만이 양도할 수 없는 중국의 일부라는 점과, 대만 문제 해결을 위한 중국 정부의 기본 원칙과 관련 정책을 제시하고자 하였다. 그리고 대만 문제 해결을 최우선 과제로 삼고, 중국의 완전한 통일을 실현하는 것이 중화민족의 근본 이익이라는 점을 강조하며, 대내외적으로 중국의 입장을 명확하게 전달하고자 하였다. 그 주요 내용은 아래와 같다.

첫째, '하나의 중국'은 법적 근거를 가진다는 것이다. '하나의 중국' 원칙은 중국의 주권과 영토 보전을 수호하기 위한 정당한 투쟁에서 형성되었으며 견고한 법적 기초를 가지고 있다고 주장한다. 이에 역사적 사실에 기반하여 대만이 양도할 수 없는 중국의 일부라는 사실을 강조한다.[78] 1949년 10월 1일, 중화인민공화국 중앙인민 정부가 선포됨에 따라 중화민

---

77 中华人民共和国国务院新闻办公室, 『一个中国的原则与台湾问题』, 2001.1.20(http://www.scio.gov.cn/zfbps/ndhf/2000n/202207/t20220704_129883.html).

78 해당 백서 내용을 번역하면 다음과 같다. △1895년 4월, 일본은 중국에 대한 침략전쟁을 통해 청나라에 불평등조약인 시모노세키조약을 체결하도록 강요하고 대만을 점령 △1937년 7월, 일본은 중국에 대한 전면적인 침략전쟁을 시작 △1941년 12월, 중국 정부는 대일 선전포고에서 시모노세키조약을 포함한 중일관계와 관련된 모든 조약, 협정 및 계약을 파기하고 대만을 회복할 것이라고 발표 △1943년 12월, 중국, 미국, 영국 정부는 일본이 중국으로부터 빼앗은 땅을 중국에 반환해야 한다는 내용의 카이로선언을 발표 △1945년에 중국, 미국, 영국이 서명하고 후에 소련이 서명한 포츠담선언은 "카이로선언의 조건은 이행될 것"이라고 규정 △같은 해 8월 일본은 항복을 선언하고 항복 조항에서 "포츠담선언 조항에 따른 의무를 충실히 이행할 것"을 약속 △10월 25일, 중국 정부는 대만과 평후 제도를 되찾고 대만에 대한 주권 행사를 재개.

국 정부를 대체하여 중국 전체의 유일한 합법 정부임을 선언
하였다. 이는 중국의 주권과 고유한 영토 경계는 변경되지 않
았으며, 당연히 중화인민공화국 정부는 대만에 대한 주권을
포함하여 중국의 주권을 충분히 향유하고 행사해 왔다는 것
이다. 세계에는 오직 하나의 중국만이 존재하고, 대만은 중국
의 일부이며, 중화인민공화국 정부는 중국 전체를 대표하는
유일한 합법 정부라고 주장한 것이다. 그리고 그 핵심은 중국
의 주권과 영토 보전을 수호하는 데 있다.

위에서 언급한 「대만 동포에게 보내는 서한告台湾同胞书, 1979.1.1」
중 "대만은 일관되게 하나의 중국 입장을 견지하고, 대만 독립
을 반대한다台湾当局一贯坚持一个中国的立场, 反对台湾独立"는 내용이 바로
협력의 기초라고 거듭 강조하며, 원칙을 견지하는 중국 정부의
입장과 합리적인 제안이 많은 국가와 국제 사회의 지지를 얻고
있다는 것이다.[79] 그러면서 당시 161개국이 중국과 외교관계를

79　중국 백서에 따르면, △1971년 10월, 제26차 유엔 총회는 결의안 2758호를 채택하여 대만
당국 대표를 추방하고 유엔에서 중화인민공화국 정부의 의석과 모든 합법적 권리를 회
복 △1972년 9월, 중국과 일본은 중화인민공화국 정부를 중국의 유일한 합법 정부로 인
정하고, 대만은 양도할 수 없는 중화인민공화국 영토의 일부라는 중국 정부의 입장을 충
분히 이해하고 존중하며, '포츠담선언' 제8조에 규정된 입장을 견지하는 외교관계 수립
을 발표하는 공동성명에 서명 △1978년 12월, 중국과 미국은 외교관계 수립에 관한 공동
성명을 발표했는데, 이 성명서에서 미국은 "중화인민공화국 정부를 중국의 유일한 합법
정부로 인정한다"는 내용이 수록되어 있다.

수립했고, 바로 중국이 제안한 이 원칙, 즉 '하나의 중국'의 틀 안에서 대만 문제에 대한 공통인식을 갖는 데 의견을 같이한다고 주장하였다.[80]

둘째, '하나의 중국'이 평화통일 실현의 기초이자 전제조건이라는 것이다. 그 기본 원칙과 관련된 정책의 핵심은 다음과 같다. 평화적 통일을 위해 노력하되 무력 사용을 포기하지 않겠다고 선포한 것이다. 여기서 무력 사용을 포기하지 않겠다는 것은 결코 대만 동포를 겨냥한 것이 아니라 대만 독립 음모 세력과 중국 통일을 방해하는 외세에 반대하는 것이며 평화적 통일 실현에 필요한 보장을 제공하기 위한 것이라 덧붙였다. 중국을 분열시키려는 어떠한 시도도 좌시하지 않을 것이라는 점을 분명히 한 것이나, 무력 사용은 최후의 수단이 될 것이라 강조한다.

양안 인적 교류와 경제, 문화 및 기타 교류를 적극적으로 추진하고 해협 양안 간의 직접 우편, 해운 및 무역 연결을 조기에 실현하는 것이다. 이러한 평화적 협상을 통해 통일을 실현하고 '하나의 중국' 원칙에 따라 모든 것을 논의한다는 전

---

80   2024년 4월 기준, 중국과 수교관계 중인 국가는 총 183개국이다. 中国外交部, 中华人民共和国与各国建立外交关系日期简表(https://www.mfa.gov.cn/web/ziliao_674904/2193_674977/200812/t20081221_9284708.shtml).

제를 둔다. 중국 본토 통일 후 대만은 고도의 자치권을 행사할 것이며, 중앙 정부는 대만에 군대나 행정 인력을 파견하지 않을 것이고, 이때 대만 문제의 해결은 중국 내정문제 이기에 외세에 의존하지 않고 중국 스스로 해결해야 한다는 점을 명시하였다. 1995년 1월 장쩌민이 양안관계 발전과 조국의 평화통일 추진에 관한 제안을 발표하면서 "하나의 중국 원칙을 견지하는 것은 평화통일 실현의 기초이자 전제조건이다"라고 언급한 내용 역시 이에 해당한다.

그러면서 중국 정부가 평화통일을 위해 노력하는 일련의 정책 및 조치들을 채택하여 양안관계의 발전을 전면적으로 추진했다고 밝혔다. 예컨대, 1987년 말부터 1999년 말까지 대만 동포 1,600만 명이 친척 방문, 여행, 교류 목적으로 중국 본토를 방문했으며, 양안 간접 교역 총액은 1,600억 달러를 초과하였다. 또한 해협 간 우편 및 통신 교환에서도 진전이 이루어졌고, 전국인민대표대회와 상무위원회, 국무원, 지방정부는 대만 동포의 합법적 권익을 보호하기 위해 일련의 법률과 규정을 제정했으며, 1992년 11월 대만해협관계협회와 대만해협교류재단의 정례회담에서 대만해협 양안이 '하나의 중국' 원칙을 견지한다는 합의에 도달했다는 것이다. 이러한 사례들은 중앙 정부의 대만 문제 해결과 양안관계 개선의 주목할 만한 성과로 꼽힌다.

셋째, 대만 문제에 있어 내정불간섭 원칙을 강조하였다. 중국과 외교관계를 맺고 있는 국가는 대만에 무기를 판매하거나 대만과 어떤 형태의 군사 동맹도 맺을 수 없다는 점을 명시하였다. 중국과 외교관계를 수립한 모든 국가는 주권과 영토 보전에 대한 상호 존중과 서로의 내정에 대한 불간섭의 원칙에 따라 어떠한 형태나 구실로 대만에 무기를 판매하거나 대만의 무기 생산을 돕는 것을 삼가야 한다고 강조한 것이다. 특히 미중관계에 있어 중공 내정에 대한 간섭이자 중국 안보에 대한 심각한 위협이 초래된다면, 이는 중국의 평화적 통일 과정을 방해하는 것이라 간주하고, 아시아 태평양지역과 전 세계의 평화와 안정을 위태롭게 하는 것이라 보기에 단호히 반대하는 것이다.

정리하면, '하나의 중국' 원칙을 통해 대만이 중국의 일부임을 강조하고 있으며, 이 원칙을 통일과 영토 보전의 법적 근거로 삼았다. 평화적 통일을 지향하면서도 무력 사용 가능성을 배제하지 않는 접근을 유지하였으며, 대만 독립 추진 세력과 외부 간섭에 대한 반대 입장을 분명히 하였다. 또한, 대만 문제를 중국의 내정으로 간주하며 외국의 무기 판매나 군사 동맹 형성을 강력히 금지하는 등의 조치를 통해 국제 사회

에 중국의 주권을 적극적으로 주장하였다. 이러한 정책은 양
안관계의 발전과 중국의 통일 실현을 위한 중국 정부의 결연
한 의지를 반영하고 있다.

3) 2022년 시진핑习近平 시기
대만 문제와 신시대 중국 통일 사업台湾问题与新时代中国统一事业[81]

시진핑 집권 이후 22년 만에 발간된『대만 문제와 신시대
중국 통일 사업台湾问题与新时代中国统一事业』백서에서는 기존 중국
의 입장을 반복하면서도 보다 확고하게 언급하였다. 이 백서
는 대만을 '의심할 여지 없는 중국의 일부'로 간주하며, 이 사
실은 절대 변하지 않는다고 재차 강조하였다. 이와 함께 중화
민족의 위대한 부흥을 위한 필수 요건으로, 국가의 지속적인
발전이 양안관계의 방향을 선도하고 있다고 밝혔다. 또한, 대
만 독립을 주장하는 분리주의 세력은 중국의 통일을 저지할
수 없으며, 완전한 통일을 방해하려는 외부세력도 결국 실패
할 것이다는 입장을 재확인시켜 주었다. 특히 이 백서는 새로
운 시대의 맥락에서 중국이 '평화통일과 일국양제'의 원칙을
견지하며, 양안관계의 평화적이고 통합적인 발전을 촉진할

---

81   中华人民共和国国务院新闻办公室,『台湾问题与新时代中国统一事业』, 2022.8.10(http://
      www.scio.gov.cn/zfbps/ndhf/2022n/202304/t20230407_710481.html).

것이라고 언급하고 있다. 여기서 새로운 시대, 즉 시진핑 시기에 강조하는 '신시대'에 들어서 중국의 외교가 보다 적극적으로 글로벌 리더십을 발휘하고, 외부의 다양한 견제를 우회하겠다는 의지를 내포하고 있다.

또한, 대만 동포들을 단결시켜 민족의 부흥과 국가의 통일을 함께 추구할 것이라고 하였는데, 중앙 정부가 말하는 조화로운 통일은 대만 동포의 이익을 보호하고, 양안 동포가 민족 부흥의 위대한 영광을 함께 나누는 데 기여한다는 확신을 내비친 것이다. 이렇듯 중화민족의 위대한 부흥을 강조하며 조국의 평화로운 통일이 아시아 태평양지역은 물론 전 세계의 평화와 발전에도 긍정적인 영향을 미칠 것이라는 주장이다.

이 백서는 중국 공산당과 중국 정부가 주도하는 통일과 중화민족의 복원을 위한 정책과 포부를 집중적으로 다루고 있다. 특히, 시진핑 1인 중심 집단영도체제하에 대만 문제에 대한 중국의 접근 방식과 '하나의 중국' 원칙이 그들의 확고부동한 입장을 통해 다시 한번 강조된 것이다. 그 추진전략의 내용은 다음과 같다.

첫째, '평화통일과 일국양제'의 기본 원칙을 견지하는 것이다. 중국은 대만 문제를 해결하기 위한 우선적 과제가 바로 평화적 통일을 추구하는 데 있다. 이는 국익과 양안의 평화를

수호하는 데 있어 매우 중요하다고 보기 때문이다. '일국제'
는 '두 체제'를 구현하기 위한 전제라는 기초 위에 '두 체제'는
'일국'에 종속되고 '일국'에서 파생되며 '일국' 안에서 통일된
다는 것이다. 따라서 계속 대만 동포들과 단결하고 적극 모색
하며 평화통일 실천을 이어가기 위한 토대를 마련하겠다는
입장이다.

둘째, 양안관계의 평화적이고 통합적인 발전을 촉진하겠
다는 것이다. 중국은 양안관계의 평화적 발선을 통혜 상호 간
이익을 증진하고, 경제적 및 사회적 통합을 지속적으로 추구
할 것을 밝혔다. 이를 위해 문화, 교육, 의료, 사회보장 등 다양
한 분야에서 협력을 강화하고, 양안의 교류와 협력을 통해 정
서적으로도 동질감을 형성하는 데 주력하겠다는 것이다. 가
령, 대만 기업이 '일대일로—带—路, The Belt and Road' 건설, 주요 국
가 및 지역 발전전략에 참여하고, 새로운 발전 구도에 주동적
으로 참여함으로써 대만 동포로 하여금 더 많은 발전 기회를
향유할 수 있도록 국가 경제 사회 발전 과정에 참여하도록 지
원한다는 것이다.[82]

---

82 그러나 2023년 10월 19일, 대만 싱크탱크 국책연구원은 타이베이에서 "일대일로 전략 10
년 검토(中国带路战略十年总检讨)"를 주제로 한 세미나에서 대만의 전문가들은 중국의
일대일로 전략이 참여국들의 경제 성장 촉진 등 여러 면에서 그 효과가 매우 제한적이라

셋째, 대만 독립 분리주의 및 외세 간섭 음모에 단호히 반대한다는 것이다. 중국은 대만 독립 분리주의에 단호히 맞서겠다는 입장을 표하며, 이와 같은 행위가 중화민족의 이익을 해치고 대만 동포들에게 심각한 피해를 준다고 경고하였다. 중국은 평화통일을 위한 노력을 경주하는 과정에서 무력 사용에 대한 포기를 약속하지 않으며, 대만 독립을 지지하는 어떠한 행동도 용납하지 않겠다는 강경한 태도를 다시 한번 보여주었다. 동시에 외부세력의 간섭에 맞서 중앙 정부 결정에 따라 대만 문제를 해결할 것을 강조하고 있다. 특히 미국이 '하나의 중국' 원칙을 수용해야 하고 대만 문제에 대한 이런저런 말과 행동을 중단하고 대만 독립을 지지하지 않겠다는 약속을 이행해야 한다고 전했다. 그렇지 않으면 레드라인을 넘은 것으로 간주하고 단호한 조치를 취하겠다는 것이다.

고 비판했다. 예컨대 △참여국들에게 경제적 혜택을 주지 못했으며, 오히려 참여국들에게 높은 부채만을 남겼다는 지적(일대일로 관련 투자 기금이 큰 폭으로 하락했으며, 중국 내 일부 지방의 경제 순위 변화도 미미하다고 분석), △국제적으로 큰 관심을 받지 못하고 있으며, 주요 유럽 국가들도 참여를 꺼리고 있다고 언급(미국과 일본 등이 제시하는 대안적 인프라 프로젝트가 더욱 주목받는다는 견해), △중국이 제공한 공식 자료가 부족하고 그 목표가 불분명하며, 실제 성과에 대한 통계와 분석이 미흡하여 정책의 효과를 제대로 평가하기 어렵다고 비판하는 등 대만 학자들은 중국이 전 세계적으로 큰 규모의 투자를 하고 있지만, 이로 인한 구체적인 성과는 아직 불투명하다고 지적하였다. 美国之音中文网, "中国高调庆祝一带一路10周年 台湾专家称前景不佳：回头一看只剩自己在飞" 2023年10月19日(https://www.voachinese.com/a/taiwan-experts-review-10th-anniversary-of-bri-20231019/7317283.html).

넷째, 대만 동포들을 단결시켜 민족의 부흥과 조국통일을 추구하겠다는 것이다. 중국은 대만 동포들과 함께 민족의 부흥을 위해 노력하고 있으며, 대만의 미래는 조국통일에 있다고 호소한다. 중국 중앙 정부는 현재 대만의 현실이 대만 독립 사상에 중독되어 있고 양안의 정치적 견해 차이가 존재하기 때문에 일부 대만 동포들은 양안관계의 본질과 국가정체성 문제에 대해 잘못된 인식을 가지고 있다고 보고 있다. 그래서 대만이 조국 통일을 의심하고 두려워하고 있다는 것이다. 이 점을 고려하여 "대만 동포는 우리의 혈육 친척이며 해협 양안 동포는 물보다 진한 피를 가진 가족입니다台湾同胞是我们的骨肉天亲, 两岸同胞是血浓于水的一家人". 민족적 요소에 짙은 호소를 하며 충분한 인내와 관용을 견지하며 오해와 불안을 줄여야 한다고 강조한다.

이렇듯 시진핑 집권 시기 역시 대만 통일을 중국의 주요 국가 목표로 설정하고 있으며, 이를 위한 다차원의 내부 및 국제적 전략 모색을 견지하고 있다. 그들은 이러한 통일 과정이 중화민족의 복원과 국가의 장기적 안정 및 번영에 기여할 것이라고 강조한다. 중국공산당과 중국 정부는 중화민족 위대한 부흥의 새로운 여정에서 대국관계를 조정하고 대만 문제 해결을 위한 통일전략과 신시대의 대만에 대한 주요 정책을 철

저히 관철함으로써 조국 통일 과정을 적극 추진하고 있다.

3. 정치적 정당성으로서의 '하나'

한국과 중국 모두 자국의 분단 상황을 극복하고 통합을 실현하고자 하는 강한 의지를 보여주고 있다. 두 나라는 역사적, 문화적 배경이 다르고 정치체제에 있어서도 큰 차이가 있지만, 통일을 향한 궁극적인 목표에서는 유사한 점을 발견할 수 있다.

한국의 경우, 민족적 동질성과 평화적 공존을 통한 경제적 번영을 통일정책의 핵심 요소로 삼고 있으며, 이는 남북 간의 화해와 협력을 통해 달성하고자 한다. 한편, 중국은 '하나의 중국' 원칙과 '일국양제' 방안을 통한 대만과의 평화적 통일을 추구하며, 필요한 경우 무력을 사용하는 것도 배제하지 않겠다는 입장을 꾸준히 시사하는 등 보다 강력한 통일정책을 시행하고 있다. 이러한 양상을 보이는 가운데, 두 국가 모두 자국 내 분열을 극복하고 동아시아 안정과 번영을 도모하는 데 '통일'을 중요한 전략적 수단이자 정치적 정당성으로 내세우고 있다.

먼저, 한국은 민주화 이후 역대 한국 정부의 통일정책 변천 과정에서 기본적으로 국민적 합의에 큰 의의를 두고 각기 다른 정책적 정당성에 근거하여 크게 네 시기에 걸쳐 전개되었다. 첫 번째 시기^{노태우·김영삼 정부}는 민족복리의 정신에 기초한 민족공동체로서의 조국통일민주공화국 수립 실현을 모색하였다. 두 번째 시기^{김대중·노무현 정부}는 열린 민족주의 정신에 기초한 민족의 재결합을 통해 남북관계 개선 및 동북아평화 환경 조성에 주력하였다. 세 번째 시기^{이명박·박근혜 정부}는 상호상생 정신에 기초한 남북상생의 쌍방향 협력관계 발전을 통해 통일인프라 구축을 시도하였다. 네 번째 시기^{문재인 정부}는 상호존중의 정신에 기초하여 한반도와 동북아를 아우르는 경제적 번영의 한반도평화체제 구축을 추진하였다.

역대 한국 정부는 기본적으로 김영삼 정부 이후부터 현재까지 일관되게 「3단계 통일방안^{화해협력 → 남북연합 → 1민족 1국가 통일 국가}」을 계승해 온 가운데, 각 시기별 국내외 통일정책추진 환경의 변화에 따라 각기 다른 정당성을 제시하며 발전을 거듭하고 있다. 이러한 가운데 주목할 만한 사실은 '민족간 화해'에 기반한 기본 정신 및 목표가 점점 실질적 성과와 경제적 번영을 추구하는 '상호간 이익'에 중점을 두고 전개되고 있다는 점이다. 더 나아가 남북 간의 문제에서 벗어나 점차 남북 주도의 동북아 차원으로 확대함으로써 장기적이고 포괄적인 정책을 추진하는 방향으로 변화하였다.

이러한 통일정책의 변화는 한국이 '하나'의 통일된 국가로서 동질성을 추구하는 근본적인 이유를 반영한다. 한국은 통일을 통해 민족적 분열을 극복하고, 경제적, 사회적, 문화적 이익을 극대화하여 더욱 강력하고 안정적인 국가를 형성하고자 한다. 이는 남북 주도의 동북아 차원에서의 확대를 통해 장기적이고 포괄적인 안보와 번영을 도모하는 전략적 목표와도 맞닿아 있다. 분단으로 인한 경제적, 사회적, 문화적 자원의 분열을 극복하고 전체 민족의 통합을 통해 더 큰 국가적 안정과 번영을 실현하려는 깊은 노력의 일환으로 볼 수 있다.

한편 중국은 5,000년의 역사를 바탕으로 강력한 응집력과 통일의 가치를 유지해 왔다고 강조하고 있다. 역사적으로도 왕조와 정권이 교체되며 분열과 통일을 반복해 왔으며, 외세의 침략에도 국가 통일을 중시해 왔다는 것이다. 현재 중국은 국가 독립과 주권을 수호하며 통일을 목표로 하고 있으며, 이는 강한 민족의식과도 긴밀히 연결되어 있다. 중앙 정부는 대내외적으로 '하나의 중국'을 일관되게 추구하고 있으며, 홍콩과 마카오의 주권 회복 이후 대만 문제 해결과 국가 통일을 강력하게 추진하고 있다.

중국 현대사는 침략과 굴욕의 역사 속에서 민족의 독립을 위해 싸우고 민족의 주권, 영토보전, 민족존엄을 수호하기 위한 중화인민의 영웅적인 투쟁의 역사로 규정하고 있다. 대만 문제의 출현과 발전 역시 역사와 밀접한 관련이 있다고 강조하며 법적 근거를 제시하는 이유도 이 부분에 있다. 대만이 여전히 본토와 분리되어 있는 상황에서 이 문제가 끝나지 않으면 중화민족이 입은 상처는 하루도 아물지 않을 것이고 민족의 단결과 영토 보전을 수호하기 위한 중국 인민의 투쟁은 결코 끝나지 않을 것이라는 것이다.

위에서 살펴본 바와 같이 중국은 1993년과 2000년에 발간한 백서를 통해 대만에 대한 '일국양제' 방식을 제안하고, '하나의 중국' 기본 원칙을 강조하며, 대만이 중국의 일부임을 국제 사회에 천명하였다. 이 원칙은 중국의 통일과 영토 보전의 법적 근거로 사용되며, 중국은 무력 사용의 가능성을 배제하지 않으면서 평화적 통일을 지향한다. 또한, 대만 독립 추진 세력과 외부 간섭에 반대하는 입장을 명확히 하고, 대만 문제를 중국의 내정으로 보며 국제 사회에 중국의 주권을 적극적으로 주장하였다.

중국의 세 번째 공식적인 문건을 통한 입장 발표는 2022년 백서를 통해 이루어졌다. 시진핑 집권 시기에도 대만 통일을 중국의 주요 국가 목표로 설정하고 다양한 내부 및 국제적 전략을 계속 모색 중이다. 이 과정은 중화민족의 부흥과 국가의 장기적 안정 및 번영에 기여할 것이라고 강조되고 있다. 중국공산당 및 중앙 정부는 대국관계 조정과 대만 문제 해결을 위한 통일전략을 추진하며, 이를 통해 중화민족의 위대한 부흥을 위한 새로운 여정에서 조국 통일 과정을 확고히 추동하고 있다.

즉 1990년대 이래 중국은 '하나의 중국'과 '일국양제' 원칙을 기반으로 대만과의 평화적 통일을 추진하고 있으며, 필요한 경우 무력 사용 가능성도 배제하지 않겠다는 입장을 고수하는데, 이는 중화민족의 부흥과 국가 안정을 위한 것이라는 정당성과도 직결되어 있는 것이다. 궁극적으로 두 개의 소분단체제로서 한국과 중국 모두 국가적 통합이 가져올 경제적, 사회적 이익을 극대화하고, 국제 사회에서의 안정적인 지위를 확보하려는 전략적 계산이 작용하고 있음을 확인할 수 있다.

제3장

통일정체성의 분화

왜 '하나'가 되기 어려운가?

한국과 대만은 모두 민주공화제를 기반으로 한 정치체계를 운영하고 있으며, 경제적으로는 시장경제체제를 따른다. 역사적으로도 한국과 대만은 유사한 경로를 걸어왔다. 1894년에 발생한 청일전쟁이 1895년 시모노세키조약으로 종결되면서 대만은 일본의 식민지로 편입되었고[1895~1945], 1905년 을사조약 이후 조선 역시 일본의 보호국이 되었다가 1910년에는 일본에 의해 강제 합병되었다.

1945년 일본의 패전 이후, 대만은 국공내전을, 한국은 6·25전쟁을 각각 겪으며 분단의 아픔을 경험하였다. 이후 두 나라 모두 권위주의적 통치와 함께 국가 주도의 경제 개발을 추진하며 놀라운 경제 성장을 이루었고, 이로 인해 홍콩, 싱가포르와 함께 '아시아의 네 마리 용'으로 부상하였다. 1980년대 말부터는 민주화 과정을 거치며 현대의 주요 민주주의 국가로 자리매김하였다. 이렇듯 한국과 대만은 식민지배와 내전을 거치고, 산업화 및 민주화를 통해 발전한 개발도상국의 전형적인 사례로 평가받고 있다.

한국과 대만이 겪은 역사적 경험은 두 국가의 정체성 형성과 발전에 깊은 영향을 미쳤다. 식민지배와 이후 분단 상황, 그리고 경제 발전 과정에서 겪은 내부적 도전들은 민중의 정체성과 민족적 동질감에 중대한 변화를 가져왔다. 특히 경제적 번영과 민주화의 진전은 개개인의 가치관에 상당한 영향을 주었으며, 이는 두 국가의 현대사를 통틀어 중요한 사회 변천의 원동력이 되었다. 이러한 맥락에서 한국과 대만 사회의 내부 집단 간에 나타나는 인식의 차이를 살펴보는 것은 해당 국가의 정체성을 비롯한 통일에 대한 접근 방식을 이해하는 데 있어 중요하다.

그러한 점에서 저자는 분단국에서 동질성이 점차 퇴색되고 있다는 점을 고려했을 때, 자국 민중[1]의 세대 내 인식 분화에 주목하는 것이 중요하다고 본다. 이는 경제와 안전을 중시하는 물질주의와 정신적 가치를 강조하는 탈물질주의가 통일 문제에 대한 인식 형성의 기초를 제공하기 때문이다. 분단

---

[1] 이 책에서는 한국 민중과 대만 민중으로 표현하겠다. 문화권력 차원에서 국가 구성원으로서 일정한 권력을 가진 개인이나 집단이 사회 전반에 걸쳐 영향을 미친다는 공통점에 의거해 한국인 / 대만인, 한국 사람 / 대만 사람 내지는 국민 / 인민 등의 표현을 쓰지 않고, 모두 민중으로 통일하겠다. 이와 관련, 최정운의 저서에서는, '민중(民衆)'이라는 말은 백성 민(民)에 무리 중(衆)을 합하여 국가에 속하는 수많은 군중들, 큰 무리의 사람들이라는 뜻이다. 또한 정치적 의미를 갖는 육체적 힘으로 구성된 수많은 군중들 정도의 뜻으로 만들어진 말이며 그렇게 쓰이고 있다고 말할 수 있다. 최정운, 『한국인의 탄생』, 미지북스, 2013.

국의 구성원이자 주요 행위주체인 민중은 문화권력 차원에서 역대 정부의 정책, 역사적 사건 등을 경험하고, 이를 통해 물질적, 심리적 요구에 따라 가치관이 변화하기 마련이다. 이러한 가치관의 변화는 같은 역사를 공유하는 정체성 간의 결합을 촉진하며, 통일 문제와 맞물려 통일정체성을 형성한다. 따라서 통일정체성의 분화 현상을 이해하기 위해서는 인식의 변화를 역사적 경험과 생애사적 관점에서 바라보아야 한다.

이와 관련, 로널드 잉글하트Ronald F. Inglehart의 '세대 간 가치변화 이론theory of intergenerational value change'은 한 사회의 경제발전 및 가치 선호의 변화를 문화 변동으로 간주하고, 세대 간 이동이 예측된 방향으로 움직이고 있다고 설명한다. 이 이론은 산업화 및 경제성장에 따른 사회 변화가 사람들의 가치관 변화에도 영향을 미친다고 주장하며, 선진 산업 사회에서 가치선호의 우선성이 물질주의물리, 경제적 안전욕구에서 탈물질주의심미, 지적, 소속감, 자기존경 욕구로 변화하고 있다고 가정한다. 그리고 이러한 변화를 '조용한 혁명silent revolution'이라고 일컫는다.[2]

잉글하트는 1981년부터 매 5년을 주기로 「세계가치관조

---

2   로널드 잉글하트 · 크리스찬 웰젤, 지은주 역, 『민주주의는 어떻게 오는가』, 김영사, 2011, 181쪽.

사 _{World Value Survey}」를 통해 전세계 각 사회의 가치관 변화에 대한 시계열 데이터를 축적해 왔다.[3] 이 조사의 시초는 서유럽 국가를 대상으로 한 「가치조사 _{EVS, European Values Survey}」였으며, 조사 대상을 비서구권 국가들로 확대 실시하는 과정에서 한국도 포함되었고, 관련 조사가 수행되기 시작하였다.[4]

이 이론은 두 개의 핵심 가설을 제시한다. 먼저, '가설 1'은 '결핍 가설 _{A scarcity hypothesis}'이다. '결핍 가설'을 쉽게 설명하면, 경제학의 '한계 효용 체감의 법칙'으로 이해할 수 있다. 예컨대, 핫도그를 처음 한입 먹을 때는 정말 맛있지만, 계속 먹다 보면 금세 물리고 마는 것과 같다. 매슬로우 _{Maslow}의 욕구 5단계설에 기초하여, 인간에게 내재되어 있는 다섯 가지 욕구에

---

3   물질주의는 물리적 안전과 경제적 안전으로 구분되며, 전자는 국가 질서, 강한 국방력, 범죄와의 전쟁이고, 후자는 물가인상 억제, 경제성장 유지, 안정적인 경제 유지 등이다. 이에 반해, 탈물질주의는 심미적 / 지적 욕구와 소속감 / 자기존중 욕구로 구분되며, 전자는 언론 자유 보호, 도농의 환경 보호 등이고, 후자는 정부 정책 결정에 대한 국민의 참여와 권한 확대, 표현의 자유, 직장과 지역공동체에서의 의사 결정에 대한 참여 및 권한 확대로 분류된다. 잉글하트는 물질주의 / 탈물질주의 가치에 해당하는 각 문항의 점수를 합산하여 지수 값을 구하는 통합지수(composite index) 방식으로 측정하였다. 세계 가치관 조사(WVS Database)(http://www.worldvaluessurvey.org).

4   한국의 독자적인 조사에는 대표적으로 「한국인의 의식 • 가치관 조사」가 있다. 이 조사는 1996년도를 시작으로 2001년, 2006년, 2008년에 수행된 바 있고, 그 이후 2013년도부터는 3년 주기로 진행되어, 가장 최근에는 2022년 제8차 조사가 실시되었다. 문화체육관광부, 「2022년 한국인의 의식 및 가치관조사 보고서」, 문화체육관광부, 2022.12.19(https://www.korea.kr/archive/expDocView.do?docId=40244).

는 단계별 우선순위가 존재한다는 가정이다.[5]

다음으로, '가설 2'는 '사회화 가설socialization hypothesis'이다. '사회화 가설'은 청소년기에 경험한 역사·문화적 사건이 각 시대별로 비슷한 의식과 양식을 보유하게 되며, 이로써 하나의 세대를 형성한다는 것이다. 같은 시대에 태어났다는 이유만으로 동일한 세대로 간주하는 것이 아니라, 사회 구성원들 간의 사회적 상호작용을 거쳐 하나의 독립적인 세대가 만들어진다는 의미이다.[6]

요컨대 '코호트Cohort적 의미'의 생물학적 요소에 '역사적 맥락'을 강조한 사회적 상호작용과 연관지어 해석할 수 있으며, 이는 '세대'라는 집단을 구분하는 핵심적인 심리 기제가 된다. 가령, 청소년기에 '전쟁'을 겪은 사람들이 그렇지 않은 사람들에 비해 국가 안보나 관련 적대의식 정도가 높을 수 있고, 또한, 어렸을 때부터 스마트폰을 접한 사람들은 그렇지 않은 이들에 비해 스마트 기기를 활용한 생활 양식을 더 향유하게 된다.

이러한 가설에 대해 슈만과 스코트Shuman and Scott 역시 '세

---

5   로널드 잉글하트·크리스찬 웰젤, 지은주 역, 『민주주의는 어떻게 오는가』, 김영사, 2011, 182쪽.

6   카를 만하임, 이남석 역, 『세대 문제』, 책세상, 2013, 127쪽.

대'가 청소년기에 각인된 '집단적 기억'을 지니고 있다고 강조한다. 이 논리에 근거하면, 젊은 세대와 기성세대의 가치 선호에 있어 본질적인 차이가 존재할 수밖에 없다.[7] 즉 '세대'는 사회문화 변동에서 주체적 역할을 하며, 이는 세대 간의 집단적 정체성 차이로 이어진다. 이러한 세대별로 형성된 정체성은 사회 내에서 각 세대가 정부를 평가하는 기준이 되며, 그들이 바람직하다고 여기는 가치에 따라 정부를 평가한다. 또한, 이 기대와 요구에 대한 정부의 반응에 따라 정부 및 정책에 대한 신뢰도가 달라진다.

인간의 주관적인 안전감은 개인의 안전뿐만 아니라 그 사회의 일반적인 안전감에 의해 영향을 받는다. 이러한 관점에서 '결핍 가설'과 '사회화 가설'을 연관 지어 이해하는 것은 설득력을 갖는다. 이는 문화권력 차원에서 인간의 본성과 가치를 강조하고, 사회문화적 변동 속에서 인간의 동기 변화, 즉 갈등과 배제의 심리기제를 체계적으로 설명하는 데 유용한 도구가 된다.

저자는 우선 분단국의 통일정책 수립 및 추진에 있어 민중

---

7   최샛별, 『문화사회학으로 바라본 한국의 세대연대기』, 이화여대 출판문화원, 2014, 20쪽.

인식의 중요성에 주목하였다. 물론 현실적으로 개개인이 정책 수립과 집행 과정에 직접적으로 참여하는 것은 제한적이나, 정책 추진에 있어 통일에 대한 민중의 인식은 결정적인 요소로 작용한다. 동시에, 통일정책에 대한 지지는 개인마다 천차만별이며, 통일에 대한 관심과 필요성, 그리고 행동의 차이도 명확하다. 따라서 분단국에 속해 있는 구성원들의 인식은 통일 문제에 대한 개인의 주관적 인식체계, 즉 '통일정체성'의 맥락에서 해석 가능하다.

1. 1987년 이래 한국 민중의 세대 내 인식 분화

1) 노태우 정부 시기 남북의 첫 춤—교류에 대한 희망

1987년 민주화 열기와 1988년 서울올림픽 전후 상황을 계기로 한국 사회는 새로운 전환기를 맞이하였고 통일 문제를 둘러싼 민중들의 인식 또한 변화하였다. 1988년 6월, 한국『동아일보』의 여론조사 결과 보도에 따르면, 한국 응답자 중 북한을 싫어한다는 응답률이 59.4%를 차지했는데, 이는 1984년의 76.5%에서 크게 감소한 수치이다. 이렇듯 북한을 싫어하는 응답률이 4년 전에 비해 하락한 사실은 북한에 대한 적대의식 완화와 통일 문제 논의 등과 관련 있는 현상이라 볼 수 있다.[8]

아울러 이 시기 한국 사회의 뜨거운 감자는 바로 '국시國是' 논쟁이었다.[9] '국시'의 뜻을 표준국어대사전에서 찾아보면, "국민 지지도가 높은 국가이념 또는 국가정책의 기본이념"으로 풀이된다.[10] 조선왕조실록의 『선조수정실록 13권』에서도 그 용례를 찾을 수 있는데, 조선시대 성리학자 이이는 "모든 인심이 다같이 그렇게 여기는 것을 공론公論이라 하고, 공론이

---

8 「한국인 미 일 선호도 낮아져 소 중공의 호의 반응 늘어」, 『동아일보』, 1988.6.16 (https://newslibrary.naver.com/viewer/index.naver?articleId=1990090200209102006&editNo=2&printCount=1&publishDate=1990-09-02&officeId=00020&pageNo=2&printNo=21228&publishType=00010).

9 1988년 8월 한국의 수도권지역 노동자(생산직 50%, 사무전문직 50%)를 대상으로 실시한 설문조사 결과 보도에 따르면, "한국의 국시는 반공이 아니라 통일이 되어야 하는가?"에 대한 질문에 응답자의 62%가 "전적으로 찬성", 25%가 "찬성"하여 총 87% 가량이 통일을 국시로 한다는 데 찬성한 반면 "반대"와 "전적으로 반대"는 5%에 지나지 않은 것으로 나타났다. 또한 다음해인 1989년 11월 한국의 주요 언론매체에서 진행한 여론조사 결과에 따르면, 통일을 '국시'로 정할 것인지에 대한 질문에 응답자의 73.5%가 동의했다고 보도하였다. 이 보도의 분석에 따르면, 이는 민주화 이후 이승만 정권 이래 국민들의 의식을 지배해온 반공 이데올로기가 퇴색하고 통일 열망이 커지고 있음을 보여준 것이라 설명하였다. 「노동자 87% "통일국시" 찬성」, 『한겨레』, 1988.8.12(https://newslibrary.naver.com/viewer/index.naver?publishDate=1988-08-12&officeId=00028&pageNo=1); 「국민 73.5%가 통일을 국시(國是)로」, 『경향신문』, 1989.11.22(https://newslibrary.naver.com/viewer/index.naver?publishDate=1988-08-12&officeId=00028&pageNo=1).

10 한국 국립국어원 표준국어대사전(https://stdict.korean.go.kr/search/searchView.do).

있는 것을 국시라 한다"며 당시 동서로 붕당이 갈라져 서로
비방과 배제가 극에 달하여 국론이 분열하자 시국 수습책으
로 내놓았다.[11] 즉 '공론'으로서 온 국민이 공감할 수 있는 가
치와 목표를 실현하기 위한 국가의 대계가 '국시'라는 것이다.
이는 단순히 정책이나 이념을 넘어 연대 그리고 평화와 화합
의 미래지향적인 방향성을 결정하는 중심이 될 수 있다.

　　노태우 정부 시기 새롭게 제시한 「한민족공동체통일방안」
의 추진동력을 얻기 위해서는 한국 사회 내부 구성원의 통일
방안에 대한 이해와 적극적 지지가 필요하였다. 이러한 배경
에 따라 진행한 설문조사[12] 결과를 보면, 우선, 통일에 관한
민중의 관심도는 매우 높은 것으로 나타났다. 특히 '매우 관
심'과 '비교적 관심'의 응답률을 합하면 1989년에는 89.2%,
1990년에는 93.4%로, 즉 10명 중 8~9명 꼴로 대부분이 통일
에 관심이 있다고 응답하였다.[13]

11　　원문 : 人心之所同然者, 謂之公論; 公論之所在, 謂之國是. 國是者, 一國之人不謀, 而同
　　　是者也. 非誘以利; 非怵以威, 而三尺童子, 亦知其是者, 此乃國是也. 국사편찬위원회,
　　　『선조수정실록 13권』, 선조 12년 5월 1일 乙巳 3번째 기사(https://sillok.history.go.kr/id/
　　　wnb_11205001_003).

12　　이 시기 대표적인 통일 문제 관련 여론조사는 국토통일원(현재의 통일부)이 시행한 「한
　　　민족공동체통일방안에 관한 국민여론조사 보고서(1989)」, 「통일정책 추진에 관한 국민
　　　여론조사 보고서(1990)」가 있다. 조사 방법은 △면접원의 가구방문에 의한 1:1 면접조사,
　　　△다단계 지역무작위추출법(Multi-stage area sampling) 설문조사, △제주도 제외, 만
　　　18세 이상 1,500명에 의해 진행되었다.

다음으로, 남북교류 및 협상시 우선 순위에 관한 의견에 대해서는 대부분이 비정치적 분야의 교류를 통해 점진적으로 통일을 추진해 나가는 것이 바람직하다는 정부의 논리에 동의하였다[57.3%]. 반면에 정치 군사 부문 우선론은 국민의 지지를 크게 얻지 못하였다[19%].[14] 이와 관련, 1990년 조사 결과에 따르면, 자유왕래와 다각적인 교류 협력 실현이 통일에 도움이 될 것이라는 의견이 73.6% 차지했으며, 북한에게 지속적인 '민족대교류'[15]를 제의할 필요성이 있다는 응답 또한 86.3%를 기록했하였다.[16] 즉 이 시기 한국 민중 대부분은 민족간 교류를 긍정적으로 인식함에 따라 비정치적 분야의 교류를 통한 점진적 통일 추진을 적극 지지했다는 사실을 알 수 있다.

그 다음으로, 통일비용을 부담하는 것에 찬성한다는 응답

---

13   국토통일원, 「한민족공동체통일방안에 관한 국민여론조사 보고서」, 1989, 1쪽; 국토통일원, 「통일정책 추진에 관한 국민여론조사 보고서」, 1990, 5쪽.

14   국토통일원, 「한민족공동체통일방안에 관한 국민여론조사 보고서」, 1989, 9쪽.

15   1990년 7월 20일 노태우 대통령은 북한에 8월 15일 광복절을 전후한 5일간 남북한 동포간 상호방문, 이른바 "민족대교류"를 제의함으로써 민족명절을 전후로 교류를 정례화하고자 하였다. 그러나 결국 무산되었다. 「남북한 자유왕래 제의」, 『동아일보』, 1990.7.20(https://newslibrary.naver.com/viewer/index.naver?articleId=1990090200209102006&editNo=2&printCount=1&publishDate=1990-09-02&officeId=00020&pageNo=2&printNo=21228&publishType=00010#).

16   국토통일원, 「통일정책 추진에 관한 국민여론조사 보고서」, 1990, 10쪽.

률이 매우 높게 나타났다[67.9%]. 동시에 생활수준이 높을수록 통일비용 부담에 찬성하는 비율이 높게 나타났다[상층 72.1%, 중층 67.5%, 하층 65.2%]. 국토통일원 보고서 분석에 따르면, 이는 통일에 대한 열망 또는 헌신을 의미한다고 해석하였다. 또 다른 의미에서는 경제력에서의 비교우위에 따른 자신감의 표현이라는 것이다.[17]

그밖에 통일 가능 시기에 관해서는 1989년 조사 결과에서 '불가능하다'가 26.2%, '모르겠다'가 19.1%를 차지하며, 대략 절반의 국민들이 통일 실현에 대해 비교적 회의적인 견해를 보였다. 그러나 1990년 조사 결과에서는 통일이 '불가능하다'라는 응답이 23.7%, '모르겠다'는 응답이 8%를 차지하며 기존의 부정적인 견해가 감소하였다. 그 가운데 통일이 '5년 이내[15.9%]'와 '10년 이내[29.1%]' 통일이 가능할 것이라는 응답하였는데, 이는 전년 대비 각각 9.6%, 6.4% 상승한 수치이다. 즉 이 시기 통일에 대한 희망이 커져가고 있음을 보여주었다.

또한, 「한민족공동체통일방안」이라는 명칭에 대한 호감도를 알아본 결과, '약간 호감'이 46.3%, '매우 호감'이 26.1%를 차지하여 10명 중 7명 정도가 정책에 대한 기대와 지지를 보

---

17   위의 글, 22쪽.

내고 있는 것으로 나타났다.[18] 이 방안의 핵심 내용인 "남북연합과 같은 과도적 체제를 두어 점진적으로 통일을 이룩해 나가는 것이 통일을 이룩하는 데 필요한지?" 여부에 대한 질문에 '반드시 필요'가 32.9%, '약간 필요'가 39.7% 차지하며 총 10명 중 7명 가량이 필요하다고 응답하였다.[19]

2) 김영삼 정부 시기 분리된 물길 — 통일과 북한, 갈라진 인식

이 시기 통일의식조사는 대표적으로 민족통일연구원현재의 통일연구원의 『통일 문제 국민여론조사』[1993·1994·1995]가 있다.[20] 1993년은 새로운 문민정부의 출범에 따라 노태우가 제시한 「한민족공동체통일방안」을 계승 및 발전시키고 구체화한 「3단계 통일방안」이 공식적으로 천명되어 대북교류를 본격화하기 시작하였다.

먼저 1994년 조사 중 "귀하는 통일이 필요하다고 생각하십니까, 아니면 불필요하다고 생각하십니까?"라는 질문에 대하여 전체 응답자 중 91.6%가 '필요하다'고 응답을 한 반면,

---

18   위의 글, 10-11쪽.

19   위의 글, 18쪽.

20   조사 방법은 △면접원의 가구방문에 의한 1:1 면접조사, △다단계 지역무작위추출법 (Multi-stage area sampling) 설문조사, △전국 20대 이상 1,500명에 의해 진행되었다.

'불필요하다'라는 응답은 8.4%에 불과하여 국민 대다수가 통일의 필요성을 인정하고 있었다. 추가적으로 통일이 필요하다고 응답한 1,374명을 대상으로 "왜 통일이 필요하다고 생각하십니까?"라고 질문을 했고, 이에 '민족의 재결합을 위하여'라는 응답이 59%로 가장 많았으며, 다음으로 '전쟁발발을 방지하기 위하여'14.6%와 '선진국 진입을 위하여'14.2%, 그 다음으로 '이산가족의 고통해소를 위하여'11%, '북한주민의 생활향상을 위하여'1.2%를 차지하였다. 즉 통일이 필요하다고 응답한 사람들은 대부분 민족 차원에서 통일의 필요성을 인식하고 있었다. 통일이 불필요하다고 응답한 126명에 대해서는 "왜 통일이 불필요하다고 생각하십니까?"라 질문했고, '남북간 이질성 심화', '사회적 혼란 야기', '경제적 부담 가중'이라는 응답이 각각 30.2%, 28.6%, 25.4%를 차지했으며, 그 외 '교류협력을 통해 평화상태 유지', '국가발전에 저해'라는 응답이 있었다. 1994년 조사 결과를 종합해보면, 이 시기 국민 대다수가 민족적인 이유로 통일의 필요성을 인식한 가운데, 남북 간 차이의 심화로 발생할 수 있는 혼란을 우려하는 목소리도 존재하였음을 알 수 있다.[21]

---

21   민족통일연구원, 「1994 통일 문제 국민여론조사」, 1994, 84~89쪽.

1995년 여론조사 결과 역시 1994년과 대동소이 하였는데, 통일이 필요하다는 응답이 과반수를 넘어 92.3%를 차지하였다.[22] 여기서 "반드시 통일을 해야 한다"는 응답이 58%를 차지하고 있는 사실에 주목할 필요가 있다. 수치로 보아, 그만큼 "반드시 통일이 되어야 한다고 생각하지 않는다"는 응답 역시 적지 않은 비중을 차지하고 있다. 비록 통일을 선호하지만 통일 과정이 결코 쉽지 않을 뿐더러, 이로 인한 사회적 혼란이 야기될 것이라는 우려에 따라 통일에 대한 유보적인 태도를 보일 가능성을 드러낸 것으로 해석할 수 있다.

그밖에 주목할 만한 점으로 크게 두 가지 특징이 있다. 하나는 통일필요성에 대한 인식이 상당히 높은 가운데, 통일과 북한을 별개의 문제로 분리하여 인식하는 경향이 있다는 것이다. 또 다른 하나는 통일정책에 대한 지지도가 점차 하락세를 보이며 유보적 태도로 전환한 것이다.

구체적으로 살펴보면 첫 번째 특징으로, 이 시기 통일에 대한 열망과 이상이 높은 것으로 드러난 반면, 북한에 대한 긍정적인 인식은 점점 현저한 하락세를 보였다. 먼저 통일에 대한 견해를 살펴보면, 앞에서 살펴본 바와 같이 90% 이상의

---

22   민족통일연구원, 「1995 통일 문제 국민여론조사」, 1995, 72쪽.

대다수가 통일이 필요하다고 인식하고, 대체로 10년 안에 통일이 가능할 것이라는 자신감을 보였다. 아울러 통일비용 부담에 대해서도 과반 이상의 국민이 찬성하는 입장을 보였다. 이러한 결과에서 유추해 보았을 때, 전반적으로 통일에 대한 열망과 상당히 높았음을 알 수 있다. 그러나, 북한에 대한 견해는 조금 다른 양상을 보였다. 가령 북한을 지원의 대상으로 여기는 인식이 대폭 하락한 것이다. 1993년에 50.8%가 북한을 지원대상이라고 여긴 반면, 1994년에는 39.2%, 1995년에는 11.7%에 그쳤으며, 심지어 1995년 결과에서는 북한을 경계 대상으로 인식하는 응답이 가장 많은 비중을 차지한 것으로 나타났다. 또한 대북 경제지원에 대한 견해 역시 1995년 조사 결과를 기점으로 다소 소극적인 방향으로 변했다.[23]

두 번째 특징으로, 통일정책에 대한 지지도가 점차 하락세를 보이며 유보적 태도로 전환되었다. 예컨대 지난 시기[1993·1994]에는 통일정책을 대체로 지지 또는 적극적으로 지지한다는 응답이 각각 75.6%와 80.3%를 차지했으나, 1995년에는 현저히 급락하여 19.8%만 차지하였다. 1995년 조사 결과 중

---

23   민족통일연구원, 「1993 통일 문제 국민여론조사」, 1993, 15·58·82쪽; 민족통일연구원, 「1994 통일문제 국민여론조사」, 1994, 10·85·129·133쪽; 민족통일연구원, 「1995 통일문제 국민여론조사」, 1995, 11·72·108·111쪽.

제3장 / 통일정체성의 분화   121

통일정책에 관한 유보 입장이 지난 시기[1993년 19.9%, 1994년 10.2%]에 비해 큰 폭으로 증가세를 보이며 응답 중 가장 많은 비중 [47.1%]을 차지하였다.[24]

종합하면 1990년대 자주·평화·민주를 기본 원칙으로 하는 「민족공동체통일방안」을 천명한 이후 90% 이상에 육박하는 민중들이 "통일이 필요하다"고 답했고, 통일비용 부담에 대해서도 동의하는 등 통일에 대한 기대감이 높았다.

하지만, 시간이 흐르면서 민중의 인식은 변화하기 시작하였다. 조사 결과에 따르면, 통일과 북한을 각각 다른 문제로 보는 경향이 보인다. 예를 들어 "한편으로는 통일이 필요하다고 생각하면서도 한편으로는 북한을 경계 대상으로 생각한다", "통일비용 부담에는 찬성하면서도 북한에 대한 경제적 지원을 꺼린다"는 것이다. 즉, 이 시기에 많은 민중은 통일에 대한 이상을 갖고 있었으나, 북한 문제에 대해서는 비교적 현실적인 인식을 갖고 있었음을 알 수 있다. 즉 통일을 현실로 보는 경향이 강해졌고, 통일정책에 대한 생각도 점차 유보적으로 바뀌었다.

---

24   위의 글, 1993, 20쪽; 위의 글, 1994, 14쪽; 위의 글, 1995, 12쪽.

3) 김대중 정부 시기 퇴조하는 파도―통일 기대의 조용한 후퇴

이 시기 통일의식조사는 대표적으로 민족통일연구원현재의 통일연구원의 「통일 문제 국민여론조사」1999가 있다.[25] 특히 여론조사가 진행된 1999년은 김대중 정부 출범 이후 본격적으로 북한에 대한 포용적인 정책을 추진했음에도 불구하고 서해교전6.15, 금강산 관광객 억류사건6.21이 발생하여 남북관계 악화 우려가 커졌다. 그러나 한편으로는 남북한 간 농구경기 9.28~29·12.23~24, 대중문화예술인의 방북12.5 등을 통한 민간차원의 교류협력이 증대된 해였다.[26]

주목할 점은 1999년 조사 내용 중 통일의 필요성 및 관련 견해에 대한 질문에 "당장의 통일보다는 점진적으로 여건이 성숙되어야 한다"는 응답이 82.6%, "당장 통일을 이루도록 노력한다"는 응답은 6.3%로 통일이 필요하다고 인식하는 국민이 10명 중 9명 꼴이라는 사실이다. 이는 지난 시기에 비해 다소 하락한 수치이긴 하나, 여전히 한국 민중 대다수가 통일을 해야 한다고 응답한 것이다.[27]

---

25   조사 방법은 △면접원의 가구방문에 의한 1:1 면접조사, △다단계 지역무작위추출법 (Multi-stage area sampling) 설문조사, △제주도 제외, 6개 광역시 및 8개도 거주 20대 이상 1,200명에 의해 진행되었다.

26   민족통일연구원, 「1999 통일 문제 국민여론조사」, 1999, 1~2쪽.

27   위의 글, 62쪽.

이러한 점진적 통일 방식에 대한 높은 선호도는 안정적인 통일기반이 조성되어야 한다는 인식에 기초한다고 볼 수 있다. 여론조사 중 "귀하는 통일기반 조성을 위하여 우리 사회가 해결해야 할 가장 시급한 문제가 무엇이라고 생각하십니까?"라는 질문에 '경제성장'44.9%이라는 응답이 가장 많은 비중을 차지했고, 그 다음으로 '정치적 민주화'23.4%, '빈부격차'16.4%, '지역감정'9.8%, '세대갈등'1.1%, '노사 문제'0.4%'의 순으로 대답하였다.[28] 이는 IMF 금융위기 이후 한국 사회를 반영한 것으로 이해할 수 있다.[29] 이와 관련 "한국 IMF 이후 경제 회복이 남북관계에 어떤 영향을 줄 것이라고 생각하십니까?"라는 질문에 대해서도 긍정적 영향을 미칠 것이라는 응답이 85.5%에 육박하였다.[30] 이는 남북관계 개선에 경제력이 중요한 영향을 미친다는 현실이 반영된 결과라고 할 수 있으며, 경제위기 극복 이후 통일 실현에 대한 자신감이 상승한 것으로 이해할 수 있다. 분명한 사실은 이 시기 한국 사회의 시대적 상황에 따라 통일 문제를 둘러싸고 경제 요인이 매우 중요하게 여겨지기 시작했다는 것이다.

---

28   위의 글, 45쪽.
29   위의 글, 54쪽.
30   위의 글, 51쪽.

뿐만 아니라, 해당 조사기관은 IMF로 인해 한국의 경제상황이 악화되면서 조기통일의 실현 가능성에 대한 기대가 약화되었다고 보았다. 지난 정부 시기 여론조사 결과[1994·1995][31]에서 '예상되는 통일의 시기'에 대한 질문에 '5~10년 이내'라는 응답이 가장 많은 비중을 차지한 반면, 1999년 조사 결과에서는 '5~10년 이내' 응답이 현저히 줄어들고, '10~30년 이내' 응답이 증대하며 점차 통일 예상 시기에 대한 전망이 비관적으로 바뀌었다.[32]

4) 노무현 정부 시기 높은 벽, 멀어진 꿈―이상과 현실 사이의 간극

이 시기 통일의식조사는 대표적으로 민족통일연구원[현재의 통일연구원]의 「통일 문제 국민여론조사」[2005]가 있다.[33] 2005년은 한국 광복 60주년이자 「6·15남북공동선언」 5주년의 해로 다양한 분야에서 남북 간의 협력이 확대된 한 해였다.[34] 그러나

---

31   민족통일연구원, 「통일문제 국민여론조사」, 1994, 92쪽; 민족통일연구원, 「통일문제 국민여론조사」, 1995, 75쪽.

32   민족통일연구원, 「1999 통일문제 국민여론조사」, 1999, 47쪽.

33   조사 방법은 △면접원의 가구방문에 의한 1:1 면접조사, △다단계 지역무작위추출법(Multi-stage area sampling) 설문조사, △제주도 제외, 6개 광역시 및 8개도 거주 20대 이상 1,000명에 의해 진행되었다. 저자는 민족통일연구원, 「2005 통일 문제 국민여론조사」, 2005, 13쪽·95쪽·98쪽·104쪽·123쪽을 참고하였다.

34   2005년 한해 동안 남북회담은 정치분야 10회, 군사분야 3회, 경제분야 11회, 사회문화분야 10회 등 총 34회의 회담이 개최되었다. 통일부, 『2006 통일백서』, 2006, 36쪽.

이러한 남북관계 진전에도 불구하고 남북 간 군사적 긴장관계는 지속되었고, 이로 인해 남북교류협력에 대한 민중들의 입장 차이에 따른 다양한 스펙트럼이 발생하며 북한 및 통일 문제를 둘러싼 사회적 갈등이 심화되기 시작하였다.

우선 응답자의 대다수인 83.9%가 통일필요성에 찬성 입장을 보였다. 이어서 통일의 구체적인 이유에 대해 질문한 결과, '민족의 재결합35%'이라는 응답이 가장 많았다. 이는 통일을 민족적 과업의 당위적 측면에서 인식하고 있는 것이다. 그러나, 전체적인 응답을 살펴보면, 안전가치 차원의 응답경제발전 + 전쟁방지이 총 48.4%을 차지한 데 반해 조화가치 차원의 응답민족재결합 + 이산가족고통해소은 46.4%를 차지하였다.[35] 즉 통일 문제를 경제발전의 기회 또는 안보위협의 해소 차원에서 인식하는 경향이 확대된 것이다.

이 시기 대다수 한국 민중의 통일 후 경제적 성장에 대한 기대 또한 적지 않았다. 그러나 막상 경제적인 부담이 증가된다고 가정했을 때 기꺼이 수용하는 입장을 보이지는 않았다. 이전까지 통일비용 부담에 대한 의견은 대체로 찬성하는 입장1993, 64.4%; 1994, 62.2%; 1995, 69.5%이 많았다.

---

35   민족통일연구원, 앞의 글, 2005, 98쪽.

이에 기초해 2005년 조사에서는 보다 구체적으로 통일비용 부담에 대한 의사를 알아보았다. "만약 통일비용 충당을 위하여 세금징수가 필요할 경우, 귀하는 현재 납부 세금의 몇 퍼센트의 세금 인상을 부담할 수 있습니까?"라는 질문에 58.7%가 5%미만의 세금 인상을 부담할 수 있다고 답하고, 27.6%가 5~10%의 세금 인상을 부담할 수 있다고 응답하였다.[36] 즉 대다수인 86.3%가 10% 이내의 세금 인상을 부담할 수 있을 것으로 대답한 것이다. 세금 부담이 상대적으로 낮은 수치를 선택한 비율이 가장 높은 점으로 보아 이상과 현실 사이에서 괴리가 존재함을 알 수 있다.

5) 이명박 정부 시기 빛바랜 그림─통일정책에 대한 지지의 퇴색

이 시기 통일의식조사는 대표적으로 서울대 통일평화연구원의 『통일의식조사』[2009~2012]가 있다.[37] 2005년까지는 통일연구원이 유일하게 정기적으로 조사를 진행해 왔으나, 2018

---

36 민족통일연구원, 「통일문제 국민여론조사」, 2005, 104쪽.

37 조사 방법은 △구조화된 질문지(structured questionnaire) 이용한 1:1 면접조사(face-to-face interview), △다단계 지역무작위추출법(Multi-stage area sampling) 설문조사, △(2009) 전국 만 19세 이상 65세 이하 1,203명, (2010~2012) 전국 만 19세 이상 65세 이하 1,200명에 의해 진행되었다. 저자는 서울대 통일평화연구원, 『통일의식조사』 2009·2010·2011·2012년도 자료를 참고하였다.

년 이전까지 공식적으로 발간되지 않았다. 그 대신 서울대 통일평화연구원에서 2007년부터 현재까지 매년 정기적으로 통일의식조사를 수행 중이다. 이 자료는 비록 조사를 수행하는 연구기관및 연구자는 다르지만, 조사 방법모집단, 표본추출 및 수량, 분석자료 방면에서 기존 통일연구원에서 진행해 온 방법과 같은 방식으로 진행되었기 때문에 전반적인 추이를 파악하는 데 비교적 유용하게 활용될 수 있다.

통일의 필요성을 묻는 질문에 대해 전체 응답자의 절반 가량평균 56.3%이 '필요하다'고 응답하였다. 이는 김대중 정부 시기 88.9%점진적통일선호82.6% + 당장통일선호6.3%, 노무현 정부 시기 83.9%매우찬성49.2% + 찬성34.7% 응답률과 비교했을 때 현저히 낮아진 수치라 할 수 있다. 또한 통일의 이유 관련해서는 조화가치민족재결합 + 이산가족 문제 해결를 더욱 중시하는 것으로 나타났다.[38]

한편 북한을 협력 대상으로 여기는 인식평균 약 47%이 가장 높은 가운데, 새터민 지원에 대해서도 동의한다는 입장이 과반 이상인 것으로 나타났다. 특히 이명박 정부 시기 탈북자

---

38   서울대 통일평화연구원, 「2009 통일의식조사」, 2009, 333쪽; 서울대 통일평화연구원, 「2010 통일의식조사」, 2010, 287쪽; 서울대 통일평화연구원, 「2011 통일의식조사」, 2011, 255쪽; 서울대 통일평화연구원, 「2012 통일의식조사」, 2012, 281쪽.

입국 인원이 가장 많았다.[39] 2009~2012년 새터민 지원에 대한 입장을 살펴본 결과, "정부가 한국에 입국한 북한 이탈 주민들을 지원해야 한다"는 문제에 과반 이상이 동의하는 경향을 보였다. 아울러, 2012년 조사 결과에 따르면, 남북관계에서 시급히 해결해야 하는 문제에 대한 질문에 "북한인권 개선[79.8%]"이 "군사적 긴장해소[77.4%]"보다 근소한 차이로 높게 나타났다.[40]

이 시기 특이할 점은 이명박 정부의 통일정책에 대한 불만이 전반적으로 비교적 높게 나타난 사실이다.[41] 그중, 연령대별 정책 만족도를 살펴보면, 젊은 세대일수록 만족도가 낮은 것으로 나타났다.[42] 즉 젊은 세대를 중심으로 이명박 정부의 대북 조치에 대한 불만이 전체 추이에 영향을 미친 것으로 해석 가능하다.

---

39 2021년까지 한국으로 입국한 탈북자 수는 33,815명으로, 2000년대 이후 지속적으로 증가하여 2006~2011년에는 연간 입국 인원이 2000~3000명 수준에 이르렀다. 그중 이명박 시기인 2009년 탈북자 입국 인원은 2,914명으로 가장 많은 수치이다. 통일부 북한이탈주민정책현황(https://www.unikorea.go.kr/unikorea/business/NKDefectorsPolicy/status/lately/).

40 서울대 통일평화연구원, 「2012 통일의식조사」, 2012, 224쪽.

41 △2009년 만족 31.7%, 불만족 68.2%불만족, △2010년 만족 39.5%, 불만족 60.5%, △2011년 만족 40.2%, 불만족 59.8%, △2012년 만족 34.3%, 불만족 65.6%의 수치를 나타 냈다. 서울대 통일평화연구원, 앞의 글, 2012, 208~210쪽.

42 위의 글, 211쪽.

6) 박근혜 정부 시기 깨어진 거울—통일의 실현 가능성에 대한 물음

박근혜 정부 집권 당시 설문조사[43] 기간 남북관계는 연이은 북핵실험과 한국 정부의 강경한 대응이 맞물리며 매우 혼란한 시기였다. 이러한 배경하에 직간접적인 영향을 받은 한국 민중의 통일에 대한 인식에 주목해 볼 수 있다.

통일의 필요성을 묻는 질문에 대해 이명박 정부 시기와 비교했을 때, 다소 하락한 수치이지만, 여전히 전체 응답자의 절반 가량평균 53.8%이 필요하다고 응답하였다. 통일의 이유에 대해서도 여전히 조화가치를 더욱 우선시하는 응답의 경향이 크게 나타났다.[44]

그러나, 1989년 이래 처음으로 통일이 불가능할 것이라는 응답25.8%이 가장 높은 비중을 차지하였다. 앞 조사 결과에서 보았듯이, 노태우·김영삼 정부 시기에는 대다수가 10년 이내 통일이 가능할 것이라고 예상했으나, 10년이 훌쩍 지나버린

---

43 조사 방법은 △구조화된 질문지(structured questionnaire) 이용한 1:1 면접조사(face-to-face interview), △다단계 지역무작위추출법(Multi-stage area sampling) 설문조사, △ (2013~2014) 전국 만 19세 이상 65세 이하 1,200명, (2015~2016) 전국 만 19세 이상 75세 이하 1,200명에 의해 진행되었다(고령화 사회 진입 반영). 저자는 서울대 통일평화연구원, 「통일의식조사」 2013 · 2014 · 201
5 · 2016년도 자료를 참고하였다.

44 서울대 통일평화연구원, 「2013 통일의식조사」, 2013, 283쪽; 서울대 통일평화연구원, 「2014 통일의식조사」, 2014, 317쪽; 서울대 통일평화연구원, 「2015 통일의식조사」, 2015, 316쪽; 서울대 통일평화연구원, 「2016 통일의식조사」, 2016, 292쪽.

오늘날까지 여전히 분단 상태에 처해있다. 이렇듯 시간이 지날수록 점차 통일을 급하게 서두를 필요성을 못 느끼거나 무뎌지고 있음을 알 수 있다. 2013년 조사 결과에서도 알 수 있었듯이 통일이 불가능하다는 응답[25.8%]은 한국 국민 100명 중 25명, 통일이 불가능하다고 생각할 만큼 통일에 대한 회의적인 분위기가 형성된 것이다. 물론 2015~2016년에 "통일이 불가능하다"라는 응답이 다시 감소하고 '20년 이내' 통일이 가능할 것이라는 응답이 가장 많았지만, "불가능하다"는 응답과 근소한 차이를 보였다.[45] 이말인즉슨 통일 가능 시기에 대한 부정적인 시각이 크게 확대되었다는 것이다.

박근혜 정부 출범 이후인 2013년 7월에 수행된 설문조사 결과를 보면 새로운 정부의 공식적인 통일정책 및 구상에 대한 설명조차 나오지 않은 시점[46]에서 정부의 정책에 만족한다는 의견이 과반 이상인 57.6%를 차지하였다. 이는 새로운 정부의 대북 조치 및 대응에 대한 기대와 지지에 따른 결과이다.

그러나 그 이후 조사 결과에서는 정책 지지도가 점차 하락

---

45   위의 책, 2016, 42쪽.
46   박근혜 정부의 한반도신뢰프로세스는 2013년 8월 21일 발표됐다.

세를 보였다. 예컨대 2014년 조사 결과는 만족도가 50%를 넘어섰으나, 당시 집권 2년 차를 맞는 정부의 정책에 대한 평가라는 점에서 다소 하락했다고 볼 수 있다.[47] 이러한 하락세를 이어가던 중 2016년 조사 결과에서는 박근혜 정부 취임 이후 처음으로 50% 이하를 기록하였다.

7) 문재인 정부 시기

엇갈린 시선—민족적 이유를 넘어선 분열의 깊이

이 시기 통일의식조사는 대표적으로 서울대 통일평화연구원의 『통일의식조사』[48]와 통일연구원의 『KINU 통일의식조사』가 있다. 2007년 이후부터 현재까지 서울대 통일평화연구원에서 매년 정기적으로 통일의식조사를 수행해 온 반면, 통일연구원은 2006년 이후 10여 년 간 공백기를 가졌다. 물론 2018년 이후 매년 조사 결과를 발표하고 있으나, 기초분석보다는 통계 결과를 토대로 한 심층분석과 정책적 함의에 더욱 치중되어 있다. 따라서 조사 방법 및 데이터의 연속성 측

---

47   서울대 통일평화연구원, 앞의 책, 2016, 92쪽.

48   조사 방법은 △구조화된 질문지(structured questionnaire) 이용한 1:1 면접조사(face-to-face interview), △다단계 지역무작위추출법(Multi-stage area sampling) 설문조사, △전국 16개 도시 거주 만19세 이상 74세 이하 1200명을 대상으로 진행하였다. 저자는 서울대 통일평화연구원, 「통일의식조사」 2017 · 2018 · 2019 · 2020년도 자료를 참고하였다.

면을 고려하여 이 책에서는 서울대 통일평화연구원의 조사 결과를 중심으로 통일연구원 조사 결과와 대조하였고, 문재인 정부 시기 통일의식 현황을 파악하면 다음과 같다.

먼저 통일필요성에 대한 질문과 관련하여 살펴보면, 특히 2018년 조사 결과에서 통일이 필요하다는 인식이 2008년 이래 가장 높았다. 조사 기간이 남북정상회담이 개최된 지 한 달여 정도 지난 상황이라는 점에서 보았을 때, 한국 민중들의 남북관계 개선 및 통일에 대한 인식이 일시적으로 영향을 받은 것으로 볼 수 있다.

한편으로는 통일에 대해 중립 또는 원하지 않는다는 응답도 점점 상승세를 보이고 있음을 알 수 있는데, 이러한 추이가 계속된다면 부정적인 견해가 역전하여 과반 이상을 차지할 가능성이 있다. 그리고 북한에 대한 관계인식에서 상대적으로 협력과 지원의 대상으로 바라보는 긍정적인 인식이 높은 편이다. 그러나 경계, 적대, 경쟁의 부정적인 인식 또한 다시 상승세를 보이고 있다. 통일필요성에 대한 데이터 결과와 마찬가지로 북한에 대한 관계 인식 또한 2018년에 큰 변동이 있었으나, 다시 예년 수준으로 되찾아가고 있음을 알 수 있다.[49]

---

49   서울대 통일평화연구원, 「통일의식조사」, 2017 · 2018 · 2019 · 2020.

문재인 정부 시기 통일의 이유에 대해서는 비교적 안전가_{치전쟁위협 해소 + 선진국 도약} 차원에서 응답하는 경향이 있는 것으로 나타났는데, 이명박·박근혜 정부 시기_{조화가치 중시}와는 대조적인 양상이고, 동시에 2005년 김대중·노무현 정부 시기_{안전가치 중시} 때의 추이와 같은 양상이다. 특히 2020년 조사에서는 '전쟁위협 제거'가 통일의 주요한 이유로 꼽혔다.[50] 물론 향후 장기적으로 그 추이를 좀 더 면밀히 관찰할 필요가 있지만, 점차 세대가 교체되면서 민족적 이유가 더 이상 주류의 시각이 아니라는 점은 분명하다.

2. 1987년 이래 대만 민중의 세대 내 인식 분화

1987년 11월 2일, 장징궈^{蔣經國} 총통이 중국 내 친인척 방문을 허용함에 따라 양안관계의 새로운 장을 열게 되었다.[51] 즉

---

50 서울대 통일평화연구원, 「2020 통일의식조사」, 2020, 190쪽.

51 양측 간 방문 교류가 가능해진 배경에 근거하여, 관련 대다수 양안관계 연구자들은 양안관계의 시작이 1987년 11월 2일부터라고 보고 있다. 그 이전의 중국과 대만은 물리적 충돌, 정치적 힘겨루기만이 있었기 때문이다. 쑤치, 지은주 역, 『대만과 중국 – 양안관계 20년의 기록』, 고려대 출판문화원, 2017.

30년 넘게 지속된 양안兩岸의 고립 상태가 깨지면서 상호 간 접촉과 회담에 새로운 국면을 맞이한 것이다.

그 이후 1990년 11월 21일, 대만은 해협교류기금회海峽交流基金會를 설립하여 1991년 3월 9일 공식적으로 운영을 시작하였고, "중국의, 선의의, 복무의中國的, 善意的, 服務的"를 중요한 목표로 삼았다. '하나의 중국' 원칙에 따라 대화하는 것이야 말로 평화통일을 이룩하는 유일한 길이며 양안관계를 발전시키는 중요한 수단이라는 인식에 기초하는 것이었다. 그렇게 이때부터 본격적으로 해협 양측의 공개적인 접촉과 대화가 시작되었다.[52]

이와 동시에 대만 정치 상황과 양안관계의 발전에 있어 여론의 역할이 점점 더 중요한 역할을 하게 되었다. 정치계는 물론 학계에서도 대만 민중의 통일 및 독립 입장에 대한 관심이 점점 높아진 것이다. 그러한 배경에 따라 1990년대부터 대만에서는 여론조사가 활발히 이루어지기 시작했다. 대만의 국립정치대학 선거연구센터國立政治大學選擧研究中心는 이 분야에서 가장 권위 있는 기관 중 하나로, 1992년부터 매년 대만인

---

52   海协会网站,「两会商谈与对话情况概述」, 2008.6.26(http://www.arats.com.cn/ bjzl/200806/t20080626_682467.htm).

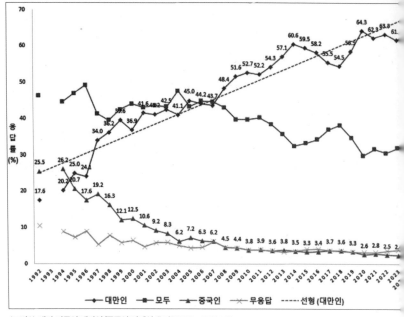

〈그림2〉 대만 민중의 대만인/중국인 정체성 추이(1992~2024.6)
출처: 국립정치대학 선거연구센터(國立政治大學選舉研究中心) 데이터 포털, 2024.10.17
(https://esc.nccu.edu.tw/PageDoc/Detail?fid=7804&id=6960)[53]

의 정체성, 정당 지지, 독립과 통일 문제 등을 조사해 왔다. 이
세 변수는 모두 양안관계와 통일 문제에 대한 인식을 이해하
는 데 중요한 지표로 활용된다. 특히 정당 지지에 대한 조사
는 중화민국과 구분되는 대만 정체성을 강조하며, 궁극적으
로 대만 독립을 지향하는 민주진보당(민진당)과 '하나의 중국' 원

---

53   데이터 표본 추출 및 조사 연구 방법 관련 구체 내용은 해당 홈페이지에서 제공하는 PDF
      자료를 참고할 수 있다. 국립정치대학 선거연구센터(國立政治大學選舉研究中心) 데이
      터 포털(https://esc.nccu.edu.tw/PageDoc/Detail?fid=7804&id=6960).

칙을 존중하며 양안 통일을 추구하는 중국국민당^{국민당} 사이의 성향을 구분 짓는 중요한 요소이다. 이 조사 결과는 민주진보당 지지자들이 주로 대만 독립을 지지하는 반면, 중국국민당 지지자들은 양안 통일의 가능성을 상대적으로 더 높게 평가하는 경향이 있음을 보여준다.

먼저 〈그림 2〉는 1992년부터 2023년까지의 대만인 정체성 조사 결과를 바탕으로 한 그래프 추이이다. 여기에 사용된 설문조사 질문은 "우리 사회에는 자신을 '타이완인'이라고 여기는 사람들도 있고, '중국인'이라고 여기는 사람들도 있으며, '둘 다'라고 하는 사람들도 있습니다. 당신은 자신이 어디에 해당된다고 생각하십니까?"이다. 그 결과는 〈그림 2〉와 같다.

1992년 최초로 진행한 여론조사에서는 응답자 중 거의 절반인 46.4%가 자신을 '대만인이자 중국인'이라고 스스로를 규정했으며, 이는 일종의 '이중 정체성'을 반영하는 것이었다. 당시 자신을 '중국인'이라 응답한 사람들은 25.5%였고, '대만인'으로 응답한 비율은 17.6%에 불과하였다. 그러나 2024년 6월 조사에서는 응답자의 64.3%가 자신을 '대만인'으로 규정하였다. 세대 간 인식의 큰 변화를 보여주었다.

또 다른 변수로서 정당 지지 관련된 항목이다. 정당 지지 변수는 세 번에 걸쳐 단계적으로 진행되는데, 먼저 응답자에

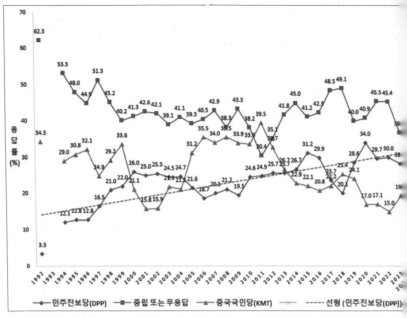

〈그림3〉 대만 민중의 정당 선호도 추이(1992~2024.6)

출처: 국립정치대학 선거연구센터(國立政治大學選擧研究中心) 데이터 포털, 2024.10.17
(https://esc.nccu.edu.tw/PageDoc/Detail?fid=7806&id=6965)

게 "국내 정당 중 어느 정당을 더 지지하십니까?"고 묻는다. 응답자가 특정 정당을 답하면, "그 정당을 얼마나 강하게 지지합니까?"라고 묻는다. 만약 응답자가 구체적인 지지 정당을 명시하지 않은 경우, "어느 정당을 더 선호합니까?"라고 물어보는 방식으로 진행하였고, 그 결과는 〈그림 3〉과 같다.

1992년 여론조사에서 '중립 또는 무응답'이 가장 많은 응답인 62.3%를 차지한 가운데, 국민당34.4%이 민진당3.3%에 비해 압도적으로 높은 지지를 받았다. 그러나 이러한 추이는

2000년대 이후부터 새로운 변화국면을 보였다. 2000년에 국민당이 21.1%의 비율을 보인 반면에 민진당 지지율은 26%을 차지하며 처음으로 역전한 것이다. 엎치락뒤치락 지지율의 변화가 계속 이어졌고, 이후 민진당의 지지율은 점차 상승하면서, 국민당과의 격차를 더욱 벌려 나갔다. 해당 그래프 양상은 대만 정치에서 시간이 지날수록 민진당의 영향력이 강화되고 있음을 보여주며, 대만 유권자들 사이에서 독립을 지향하는 정치적 선호 현상이 지속되고 있음을 나타낸다.

　마지막으로 중요한 변수인 통일이냐 아니면 독립이냐의 문제이다. 설문조사의 질문에는 크게 여섯 가지 옵션이 있으며, '가능한 빨리 통일', '현 상태 유지 후 통일', '가능한 빨리 독립', '현 상태 유지 후 독립', '현 상태 유지 및 상황에 따라 독립 또는 통일 결정', '영원히 현 상태 유지'로 세분화되어 있다. 이중 어느 입장인지를 묻는 항목으로, 그 30여 년 간의 변화 흐름은 〈그림 4〉와 같다.

　이 조사는 1994년부터 2024년 6월까지 진행되었다. 초기에는 독립 / 통일 문제에 대한 관심이 비교적 낮았다. 초기 조사에서 독립을 지지하는 비율은 약 10% 미만이었고, 통일을 지지하는 비율은 두 배 가량 더 높았다. 그러나 시간이 지나면서 '(현 상태 유지 후) 통일' 지지율은 점차 감소하는 반면, '(현 상태 유

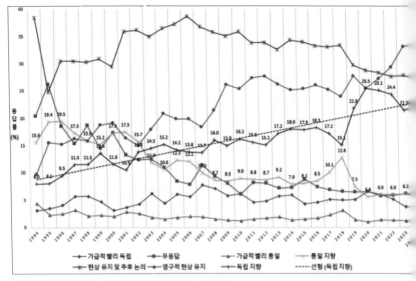

〈그림4〉대만 민중의 통일 / 독립지지 입장 추이(1994~2024.6)
출처: 국립정치대학선거연구센터(國立政治大學選擧研究中心) 데이터 포털, 2024.10.17
(https://esc.nccu.edu.tw/PageDoc/Detail?fid=7805&id=6962)

지 후) 독립' 지지율은 지속적으로 상승하였다. 이는 독립 지지
가 통일 지지를 앞서는 추세임을 보여준다.

　양안 교류가 본격화된 이래로 지난 30여 년 간 대만 민중
의 정체성, 정당 지지, 그리고 독립과 통일 문제에 대한 인식
의 변화를 살펴보는 것은 중앙 정부의 정책과 대만 민중의 의
식 간 상호작용을 이해하는 데 중요하다. 계속해서 중앙 정부
의 백서가 발간된 시기에 수행된 주요 문헌을 토대로, 앞서
분석한 그래프 곡선의 배경이 어떻게 형성되었는지를 탐구할
것이다. 이는 백서와 연구 결과가 어떻게 상호 연관되어 있는

지를 보여줌으로써, 통일정체성 변화에 대한 이해에 근거가
된다.

1) 장쩌민 집권 시기

대만, 양안의 소용돌이 속에서 독립의 싹을 틔우다

장쩌민은 "중국 공산당은 중국의 선진 생산력을 대표하고,
선진 문화의 발전을 대표하며, 광대한 인민의 근본 이익을 대
표한다党在各个历史时期总是代表着中国先进生产力的发展要求, 代表着中国先进文化
的前进方向, 代表着中国最广大人民的根本利益"며 그의 지도 이념을 제기하
였다. 이 조치는 농민과 노동자뿐만 아니라 사영기업가를 포
함한 '선진 생산력'을 대표하는 계층에 대한 공산당 입당 기
회를 연 획기적인 조치로, 중국 공산당이 노동자와 농민의 당
에서 전체 인민을 위한 당으로 거듭나는 논리를 제공한 것이
다.[54] 즉 장쩌민은 '삼개대표三个代表'가 당의 선진성을 검증하
는 기본 표준이자 척도임을 강조하며 새로운 지도 이념을 확
립한 것이다.

이렇듯 당의 영향력과 통치권을 강화해 가는 조치에 따라

---

[54]   中央政府门户网站, 共和国的足迹--2000年 : 立党之本 执政之基 力量之源, 2009-10-10,
       https://www.gov.cn/guoqing/2009-10/10/content_2752440.htm; 中国共产党新闻, 中
       国共产党大事记·2000年(http://cpc.people.com.cn/GB/64162/64164/4416173.html).

중국은 세계의 공장으로 개혁개방의 기치를 전개하는 시대적 환경을 맞이하였고, 1997년 홍콩반환, 1999년 마카오반환, 2001년 WTO가입이 바로 대표적인 사례이다. 이를 통해 국제 사회에서 본격적인 참여자로 활동할 수 있는 기틀을 마련하게 된 것이다.

주지하다시피 여론조사는 정치 운영에서 중요한 수단으로 사용되기도 한다. 필요에 따라 어떠한 권력에 의해 이 여론 카드를 사용하여 통일 또는 분열 노선을 정당화하기도 한다. 대만의 여론조사 결과[55]에 주목한 주웨이둥朱卫东은 1994~1997년 국립정치대학 선거연구센터가 수행한 대규모 샘플 조사 자료를 활용하여 대만 민중의 통일 / 독립 입장 간의 연관성을 분석하였고, 그 내용은 다음과 같이 설명하였다.

먼저, '현 상태 유지를 주장하며 통일도 독립도 아닌 중간 입장'을 취하는 사람들이 대다수를 차지하였다[44~60%]. 통일을 주장하는 비율은 대만 독립을 주장하는 비율보다 근소한 차이로 높았는데, 각각 19~28%, 10~21%의 비율을 차지

---

55   여론 조사 방법은 대부분 전화 인터뷰이며, 일부는 대면 인터뷰이다. 조사 대상은 대만 거주 20~69세까지의 성인이며, 설문지는 대만 민중의 통일 / 독립 입장을 여섯 가지로 분류한 것으로, 이는 국립정치대 선거연구센터의 6개 질문 분류법과 동일하다. 朱卫东, 「从民意调查看台湾民众统独趋向」, 『台湾研究』, 1998.

하였다. 가능한 빠른 통일 또는 독립을 주장하는 사람들은 극소수였으며, 영원히 현 상태를 유지하자고 주장하는 비율은 9.9~21.6% 사이에 머물렀다. 이 상황은 대만 민중들이 통일과 독립 사이에서 무엇이든 '선택'을 하기를 희망하는 것이라 해석할 수 있다.

이 외에도, 통일을 주장하는 비율은 큰 변동이 없으나, 대만 독립을 주장하는 비율은 점차 증가세를 보였다. 예컨대 1995년 초 9.8%였던 대만 독립 주장 비율은 1997년 말 16.2%로 6.4%포인트 증가하였다. 1996년 3월 대만 총통 선거와 1997년 8월 홍콩 반환 기간 동안 '대만 독립' 주장 비율이 상대적으로 우세했다.

또한 주웨이둥은 통일 / 독립의식의 변화가 양안관계와 중국의 통일정책 조치의 영향을 크게 받으며 복잡하게 반응한다고 주장한다. 대만 민중의 인식은 양안관계에 중대한 사건이 발생할 때마다 변동의 양상이 명확히 보인다는 것이다.

일례로 1994년 3월 31일 중국 저장성浙江省 첸다오호수에서 대만인 관광객 24명과 본토 승무원과 가이드 8명을 포함한 총 32명이 사망한 첸다오호사건千島湖事件이 있다. 이 비극적인 참사가 발생한 이후, 단순 사고였는지 아니면 방화살인 사건이었는지에 대한 사고 원인 규명 과정에서 양안관계에도 어두운 그림자가 드리워졌다.[56] 같은 해 4월의 여론조사에서 현 상태 유지를 주장하는 비율이 11.4%포인트 증가하였고, 통일을 주장하는 비율은 6.6%포인트 감소한 것이다. 이 사건 이전 독립 지지율은 4%에서 최고 17%였으나 이 사건 후에는 20%대 이하를 내려간 적이 없다.[57]

1995년 1월 30일 중국 춘절을 맞이해 장쩌민 주석은 이른바 '장빠덴江八點'이라 불리우는 조국통일 대업 완성을 위한 분투의 8개항 조치를 발표하였다.[58] 이날 연설에서 장쩌민은 조국통일을 조속히 이룩하는 것은 중화민족의 공통된 염원이

---

56 中国网络电视台, 「1994年千島湖惨案－24名台客死亡 扭转两岸关系」, 2012.3.30(https://news.cntv.cn/china/20120330/109160_print.shtml).

57 「대만인 통일지지율 36%로 최저 기록」, 『연합뉴스』, 1995.6.20(https://n.news.naver.com/mnews/article/001/0003996549?sid=104).

58 8개 항은 다음과 같다. 1) '하나의 중국' 원칙을 견지하는 것은 평화통일을 실현하는 기초이자 전제이다. 2) 중국은 대만이 외국과 민간 차원의 경제교류 및 문화관계를 발전시키는 것에 대해 이의를 가지지 않는다. 3) 중국은 양안의 평화통일 회담을 진행시키는 것이 일관된 주장이다. 4) 평화통일 실현에 노력하며 중국인끼리 싸우지 않는다. 5) 21세기 세계경제의 발전에 직면하여 양안간 경제교류 및 합작을 크게 발전시켜야 한다. 6) 중화민족이 창조한 5,000년의 찬란한 문화는 항상 전체 중국인의 정신적 유대를 유지하는 것이며 또한 평화통일을 실현하는 하나의 중요한 기초이다. 7) 2,100만 대만동포는 대만 출신이건 타 지역 출신 여부를 막론하고 모두 중국인이다. 대만 동포의 생활 방식과 주체적인 삶에 대한 소망은 충분히 존중되어야 하며 대만 동포의 모든 정당한 권익은 보호되어야 한다. 8) 중국은 대만 당국 지도자가 정당한 신분으로 중국을 방문하는 것을 환영하고 또한 대만측의 초청을 받고 대만을 방문하는 것을 기대한다. 장쩌민의 연설 원문은 다음을 참고할 수 있다. 中国台湾网, 「江澤民－為促進祖國統一大業的完成而繼續奮鬥(一九九五年一月三十日)」, 1995.1.31(http://big5.taiwan.cn/zt/szzt/jbdzn/r/).

고, 통일이 무기한 지연되는 것은 모든 애국 동포들이 원하지 않는 일이라고 강조하였다. 또한, 쑨원孫文의 "통일은 모든 중국 인민의 희망이다統一是中國全體國民的希望"를 인용하며, "통일이 가능하면 온 나라 인민이 기뻐하고, 통일이 되지 못하면 고통스럽다能夠統一, 全國人民便享福; 不能統一便要受害", "우리는 모든 중국인이 단결하여 애국의 위대한 깃발을 높이 들고 통일을 수호하고 분리주의를 반대하며 양안관계의 발전을 추동하고 조국통일의 위대한 위업의 완성을 추동할 것을 촉구한다我們呼籲所有中國人團結起來, 高舉愛國主義的偉大旗幟, 堅持統一, 反對分裂, 全力推動兩岸關係的發展, 促進祖國統一大業的完成"라고 하며 조국통일이 중화민족의 현대 발전과 부흥 촉진을 위한 필수 과정이라고 강하게 호소하였다. 장쩌민의 연설 이후 '통일 지지' 비율은 2% 포인트 소폭 상승하였고, '현 상태 유지를 선호'하는 비율은 역대 최고치인 56.1%에 달하였다. 반면에 '독립 지지'하는 비율은 9.8%로 네 번의 여론조사 중 가장 낮은 수치에 이르렀다.

1995년 6월 대만 독립을 주장하던 리덩후이李登輝 총통이 미국을 방문으로 국제 사회에서 '두 개의 중국, 하나의 중국과 하나의 대만兩个中國, 一中一台'을 제기하였고, 양안관계는 급격히 악화되었다.

3차 대만해협 위기이다. 중국대륙은 '반분열, 반대만 독립'

투쟁을 전개하였고,[59] 같은해 미국에서 당시 민진당 주석 스
밍더施明德는 미국에서 민진당이 집권하게 되더라도 대만 독
립을 선언하지 않겠다고 밝혔다. 대만은 총통 선거자체가 이
미 주권 독립국이라는 사실을 보여주는 것이고, 대만 독립을
선언할 필요도 없고 앞으로도 없을 것이라고 공개적으로 선
언하며, 동시에 중국과도 지혜와 인내심을 가지고 계속 대화
해 나갈 것이라고 밝혔다.[60] 이 시기 8~9월의 여론조사 결과
는 '현 상태 유지'를 지지하는 비율이 증가하였으며, 독립을
주장하는 비율은 먼저 2.7%포인트 상승하였다. 그러나 통일
지지 비율에는 큰 변화가 없었다.

1996년 3월에는 대만에서 처음으로 직선제 총통 선거가
실시되었다. 그 사이 중국은 두 차례 미사일 시험 발사를 실
시하였다. 1995년 리덩후이의 미국 방문이 양안 갈등을 촉발
시켰고, 1995년 7월과 1996년 3월, 인민해방군의 대규모 미
사일 발사 훈련 실시로 이어진 것이다. 그리고 인민일보人民日
報에서 리덩후이의 대만 독립 행위를 강하게 비판하는 논평

---

59   中央政府门户网站, "台独"逆流的来龙去脉, 2006.4.26(https://www.gov.cn/test/2006-
      04/26/content_266023.html).

60   「民進黨 "집권해도 대만독립 선포않겠다"」, 『연합뉴스』, 1995.9.15(https://n.news.naver.
      com/mnews/article/001/0003926601?sid=104).

기사문을 연달아 실었다.[61] 1995년 여론조사 결과에서 '대만 독립' 지지 비율은 20.5%로 처음으로 '대만 통일' 지지 비율 18.8%을 초과하였고, 대만의 일부 민중들의 배타적 정서가 다시 한번 크게 확산하였다.

1997년 7월 홍콩의 반환을 계기로 대만 민중들 사이에서 '일국양제'에 대한 심리전이 생겼고, 8월의 여론조사에서 독립을 주장하는 비율이 통일 지지 비율을 넘어섰다통일지지 비율은 19%로 하락. 이로써 중국으로서는 대만 민중의 '일국양제'에 대한 왜곡된 선전의 영향을 없애는 것이 중요하다고 판단한 계기가 되었다.

2) 시진핑 집권 시기 대만의 젊은 눈, 독립의 지평을 바라보다

2012년 중국 공산당 제18차 당대회 이후 총서기로 선출된 시진핑은 매우 빠른 속도로 강력한 권력 기반을 다지기 시작했고, 스스로를 장쩌민 등과는 근본적으로 다른 지도자로 간주하는 경향을 보였다. 태자당太子党 출신인 시진핑은 '정치적으로 신뢰할 수 있는 혈통'이라는 신념으로 정치세력을 형성

---

61   极目新闻, 历史回顾 : 1996年台海危机中, 导弹目标区距台湾本岛仅约40海里, 2022.8.4(https://baijiahao.baidu.com/s?id=1740229712533308670&wfr=spider&for=pc).

하였고, 장쩌민을 중심으로 한 상하이 기반의 한 상하이방上海帮과 태자당이 손을 잡으며 시진핑이 최고 지도자 위치에 오르는 데 일조하였다. 시진핑 집권 이후에는 이른바 시자쥔习家军이라는 새로운 세력의 등장에 따라 상하이방과 공청단共青团의 세력을 약화시켰다.[62]

이전까지 중국 공산당은 특정 지도자가 자의적 또는 독단적으로 정책을 결정하는 일이 없도록 각 정치권 인사들 간에 권한과 책임을 나누는 체계인 집단영도체제를 통해 집단적 결정과 개인 책임의 분담을 양대 원칙으로 제시해 왔다. 요컨대 기존 집단영도체제는 중국 정치 엘리트 간 권력 분산이다. 이를 중국 정치엘리트의 분공제分工制라고도 불리우는데, 상무위원회 전체가 집단으로 학습하고, 연구하고, 결정하고, 업무를 나눠고, 또 집단으로 세대교체를 이루기 때문에 어찌보면 미국 대통령제보다 더 민주적이고, 협조적이고, 효율적이라는 주장이 반영되어 있다.

그러나 시진핑 집권 이후부터 집단영도체제의 유지냐 아니면 집단영도체제의 해체냐는 엇갈리는 주장 속에서 사실상

---

62   이는 중국의 집단지도(collective leadership) 및 당내 민주주의, 그리고 비공식정치로 간주되는 '관시(关系)' 문화에 기반한 파벌(faction) 정치의 맥락에서 이해할 수 있다.

시진핑 1인 중심의 집단영도체제가 계속 강화되어가는 중이다. 이는 타 정치국 상무위원과는 차원이 다른 형태의 우월성과 독보성을 갖는 지위를 차지한 것으로 해석할 수 있다. 이것이 시진핑에게 공식적으로 '인민영수'[63]의 칭호를 부여하게 된 배경이 되기도 한다.

중국은 신중국 성립 초기부터 국내외 요인과 변화가 서로 조응하며 발전을 이루어왔다. 그중 중국의 대외정책은 크게 네 가지 원칙독립자주외교, 평화공존5원칙, 반패권주의, 하나의 중국[64]을 준수하며 시진핑 시기에 이르기까지 변함없이 지속되고 있다. 중국의 대만 문제 및 통일 실현 과제 역시 바로 이 원칙들의 유기적 기능에 기초하여 제3국과의 외교관계 수립에도 이를 관철시키고 있다.

개혁개방 시기부터 오늘날 시진핑 시기에 이르기까지, 위에서 언급한 네 개의 원칙에 입각한 대외정책이 시행되어 온

---

63 人民网, 人民领袖习近平 : 将"人民"二字镌刻在新时代答卷上, 2018.3.20(http://lianghui.people.com.cn/2018npc/n1/2018/0320/c417507-29879310.html).

64 첫째, 독립자주외교 원칙은 중국의 문제는 중국의 상황에 따라 처리되어야 하고, 중국인 스스로의 역량에 의지해서 처리되어야만 한다고 강조한다. 둘째, 평화공존 은 영토와 주권의 상호존중, 상호불가침, 내정불간섭, 평등호혜, 평화적 공존을 강조한다. 셋째, 반패권주의 원칙은 미국 주도의 일방주의에 대한 거부와 비판의 의미를 표출한다. 넷째, 하나의 중국 원칙은 베이징에 있는 정부만이 중국을 대표하는 유일 합법정부라는 점을 강조한다.

가운데, 덩샤오핑 시기 조용히 실력을 기르며 때를 기다리던 중국이 시진핑 시기 이후부터는 중국의 정신을 진작하여 필요한 일은 적극적으로 나서겠다는 변화를 보여주고 있다. 즉 덩샤오핑의 도광양회韜光養晦와 유소작위有所作爲에서 벗어나, 후진타오胡錦濤 시기의 화평발전和平发展과 조화세계和谐世界를 토대로, 핵심이익核心利益을 중심으로 분발유위奮發有爲하겠다는 것이다. 즉 중국의 국력을 키우면서 공세적인 중국 담론으로 변화한 것이다.

이 변화 흐름 속에서 인류운명공동체人类命运共同体의 책임대국으로서의 위상을 정립하겠다는 의미를 담은 신형국제관계新型国际关系 개념을 제시하였고, 보다 적극적인 글로벌 리더십을 발휘하며 미국의 다양한 견제를 우회하고 대만 문제를 스스로 해결하겠다는 강경한 자세를 취하기 시작하였다. 그중 대만 문제를 절대 희생할 수 없는 국가핵심이익으로 규정하고, 국가 주권, 안전, 발전 이익을 수호하겠다는 의지를 강조하며 명확한 마지노선을 제시하였다.

이러한 배경 하에 시진핑이 중국 국가주석으로 집권한 이후인 2016년에 설립된 비영리 싱크탱크 재단인 대만여론교육기금회台灣民意教育基金會은 창설 이래 대만 여론과 민주 발전에 관한 조사와 연구를 정기적으로 실시하고 있다. 이 재단은 대만 정치, 양안관계, 경제 및 사회 문제, 선거, 외교안보의 큰 카테고리에서 관련 여론조사 시행 및 조사 결과를 발표하고 있다. 그중 대만 민중의 양안 통일 / 독립지지 선호도에 대한 조사 역시 꾸준히 이루어지고 있다.[65]

이 책에서는 중국에서 『대만 문제와 신시대 중국 통일 사업』 백서를 발간한 2022년 8월 이후 발표된 대만 민중의 여론조사 결과를 토대로 시진핑 시기 대만 민중의 인식에 관해 살펴볼 것이다. 2022년 8월~2023년 9월에 발표된 조사 결과를 살펴보면 정치적 정체성의 흐름을 알 수 있다. 그 구체적인 내용은 아래와 같다.

2022년 8월 조사[66]에서는 대만 독립을 지지하는 비율이 50%로 나타났는데, 이는 대만 사회에서 독립지지 성향이 비교적 강한 것을 알 수 있다. 반면 양안 통일을 지지하는 비율은 11.8%에 불과하였다. 그밖에 현상 유지 선호도는 25.7%, 모른다는 응답은 12.1%를 차지하였다. 이는 대만 민중 절반이 대만 독립을 바란다는 것이다. 그러면서 이 조사 결과 분

---

65   여론조사 리스트 중 '통일 / 독일(統獨)', '독립(獨立)'가 포함된 제목을 검색해 보면, 2016~2023년 9월까지 총 19회 실시되었다(https://www.tpof.org/category/台灣政治/國家認同/).

66   台灣民意教育基金會, 台灣政治-台灣人的統獨傾向(https://www.tpof.org/台灣政治/國家認同/台灣人的統獨傾向(2022年8月16日)/).

석에 따르면, 대만 정부가 청록색 가리지 않고 대만 민중들이 영원히 현재 상태를 유지하기를 원한다고 선전해 왔으나, 이는 허상이고, 오랫동안 속이고 오도하고 있다고 보는 대만 민중들의 견해 또한 존재하고 있다. 한편 2022년 8월 초 낸시 펠로시[Nancy Pelosi] 미 하원의장의 대만 방문 당시 미중 갈등이 다시 한번 격화되었고, 이로 인해 중국 공산당의 전례 없는 대규모 군사 훈련이 전개되며 긴장감이 최고조에 달하였지만, 그 위협이 대만 민중들의 통일 지지 확산으로 이어지지는 않았다. 이미 독립 지지 인식이 고도의 안정성을 형성했다는 의미이다.

이로부터 6개월 뒤인 2023년 2월의 조사 결과[67]는 독립 지지율이 소폭 감소한 44%를 기록하면서, '모름'이라고 응답한 비율이 7.6%포인트 증가한 19.7%를 기록하였다. 대만 사회에서 독립과 통일 문제에 대한 명확한 결정을 내리지 못하는 사람들이 늘어나고 있음을 시사한다. 그러나 여전히 대부분의 대만 민중들[68]%은 현상 유지 또는 대만 독립을 선호하는 경향이 두드러진다.

67　台灣民意教育基金會, 台灣政治-台灣人的統獨傾向(https://www.tpof.org/台灣政治/國家認同/台灣人的統獨傾向(2023年2月21日)/).

2023년 6월 여론조사 결과[68]에서 가장 주목해 볼 수 있는 사실은 대만 사회에서 통일 / 독립 문제의 영향력이 특히 젊은 세대에게 크게 작용하고 있다는 것이다. 이는 젊은 세대에서 이 문제가 더욱 민감하게 받아들여지고 있다는 것을 의미한다. 9월 조사 결과[69]에서는 독립 지지율이 약간 상승한 48.9%를 기록하여, 대체로 여전히 독립을 선호하는 경향을 보였다. 특히 20세에서 44세 사이의 유권자 중 과반수 이상이 미래의 대만 독립을 염원하고 있는 것으로 나타났다. "만약 현상 유지가 불가능하다면, 당신의 선택은 대만 독립입니까, 아니면 양안 통일입니까?"라는 질문을 했을 때에도 대만 독립지지 응답이 우세하였다. 대만 민중들의 통일이냐 독립이냐의 문제를 둘러싼 정치적 태도가 일정한 패턴을 보이며 예측 가능한 형태로 변화 중임을 보여주는 것이다.

여기에서 또 하나 주목할 만한 조사 결과를 살펴보면 다

---

68 台灣民意教育基金會, 台灣政治-關於台灣社會的統獨問題(https://www.tpof.org/台灣政治/國家認同/關於台灣社會的統獨問題(2023年6月20日)/).

69 2023.8.14~15, 대만인 통일 / 독립 성향의 최신 경향에 관한 특별 여론조사를 실시하였다. 이 조사에서는 표본 설계, 전화 인터뷰를 통한 통계분석 방식으로, 총 이틀간 전국 20세 이상 성인을 대상으로 유효 표본 1,081명, 시내전화 756명, 휴대전화 325명에 대한 듀얼프레임 랜덤샘플링(dual-frame random sampling)을 진행하였다. 台灣民意教育基金會, 台灣政治-台灣人統獨傾向的最新發展(https://www.tpof.org/台灣政治/國家認同/關於台灣社會的統獨問題(2023年6月20日)/).

음과 같다. 동일한 조사기관에서 진행한 설문조사[2024.1][70]로, "라이칭더賴清德가 시진핑이 언급한 '일국양제'에 반대하는 것에 대한 여러분의 생각은 어떠십니까?"라는 질문과 그에 대한 응답이다. 그 결과는 28.4%가 매우 지지했고, 25.1%는 지지하는 편, 19.5%는 그다지 지지하지 않는 편, 14.1%는 지지하지 않았으며, 8.4%가 무응답이었다. 대만 민중 절반 이상이 시진핑이 언급한 '일국양제' 주장에 강력히 반대하는 라이칭더 총통의 반대 입장을 지지한다는 것이다. 다시 말해, 중국 공산당에게 강경히 반대하는 태도를 보이는 지도자를 지지한다는 의미이다. 이러한 인식은 젊은 세대일수록 그 지지율이 높았고, 자신을 대만인이라고 규정하는 대만인 정체성이 강할수록 시진핑을 비롯한 중국 본토의 주장에 맞서 단호히 반대하는 입장을 드러냈다. [70]

---

70   台灣民意教育基金會, 「賴清德反對習近平「九二共識和一國兩制」的民意反應」, 2024.1.23(https://www.tpof.org/兩岸關係/兩岸政治/賴德反對習近平「九二共識和一國兩制」的民意/).

3. 새로운 가치관으로서의 '하나'

분단체제 구조 환경 속 통일정체성 발전 과정에서 각 정부의 정책 및 지정학적 요인 등이 중요한 영향을 미치고 있는 가운데, 한국은 국가적 실리와 개인적 가치 차원에서 남북관계에 대한 논의가 주를 이루고 있다. 한편, 대만은 중국과의 관계에서 현상 유지를 넘어서는 통일이냐 독립이냐의 문제, 이른바 통독統独 문제에 대한 논의가 중심이 되고 있다.

한국과 중국은 모두 일본의 식민지배와 분단의 역사를 공유하고 있으며, 이러한 공통된 역사적 경험은 두 국가의 통일 정체성 형성에도 깊은 영향을 미쳤다. 또한, 정치민주화 과정을 거치며 각 민중의 가치관과 정치적 요구에도 큰 변화를 가져왔다. 이는 곧 세대별 가치관의 차이를 유발했고, 통일접근 방식에 있어서도 젊은 세대 요인에 의한 인식의 분화를 가져왔다.

1987년을 기점으로 한국과 대만에서 대내외적으로 큰 전환기를 맞이하였고, 이로 인해 두 나라 민중이 통일을 바라보는 인식에는 세대별로 유사성이 많지만, 분명이 다른 점들도 존재한다. 먼저 한국에서는 북한과의 통일을 향한 기대가 시간이 지남에 따라 변화하고 조용히 퇴조하는 양상을 보이고 있다. 이는 초기에 남북 교류의 시작으로 통일에 대한 희망이 싹트는 시기를 지나, 통일 문제를 마주하며 현실과 이상 사이의 간극을 발견하게 되면서 점차 통일에 대한 기대와 열망이 점차 퇴조하였고, 통일의 실현 가능성에 대한 고민으로 이어지며 오늘날 통일에 대한 엇갈리는 시선 속에서 민족적 이유를 넘어선 깊은 대내외적 분열의 문제에 이르렀다.

한편 장쩌민 집권 시기에 리덩후이의 미국 방문 등 이슈가 발단이 된 양안관계의 긴장 속에서 독립에 대한 염원이 싹트기 시작했으며, 시진핑 집권 시기에 접어들면서 젊은 세대를 중심으로 더욱 강화되었다.

여기서 주목해야 하는 점은 젊은 세대의 탈물질주의 가치 확산이 한국과 대만 모두에서 통일에 대한 인식에 깊은 영향을 미치고 있다는 사실이다. 탈물질주의는 물리적, 경제적 안전의 욕구를 넘어서 심미적, 지적, 소속감 및 자아실현 욕구에 더 큰 가치를 두는 경향을 의미한다. 이러한 가치 변화는 젊은 세대로 하여금 통일정체성에 대해 기성 세대와는 다른 시각을 갖게한 것이다. 탈물질주의와 같은 새로운 가치관의 수용은 전통적 가치체계에 도전하며, 이는 사회적 변화를 가속화한다.

예컨대 2000년대생 이후 젊은 세대는 이른바 디지털 세대

Digital native라 불리우는데, 그들이 태어날 때부터 디지털을 경험한 세대이기 때문에 붙여진 명칭이다.[71] 이 세대는 인터넷 의존도가 높기 때문에 기존 세대보다 더 빠르고 쉽게, 또 더 많은 정보를 다양하게 습득하며,[72] 주로 인터넷 커뮤니티 및 SNS 등을 통해 독특한 자신의 일상을 공유하며 유대감을 형성한다. 더욱이 현 시점에서 트렌드 확산이 가장 빠른 세대이기 때문에 정치권에서도 온라인 커뮤니티를 통해 여론을 주도하는 젊은 세대 유권자들의 정치활동에 큰 관심을 갖기 마련이다.[73]

한국의 경우, 젊은 세대는 통일에 대해 보다 현실적인 접근을 선호하는 경향이 있다. 이들은 통일이 가져올 경제적, 사회적 비용을 고려하며, 통일 이후의 포괄적인 사회 통합 문제에 대해 더 깊이 고려한다. 다시 말해, 통일이 어떤 면에서 나에게 이익이 되는지를 더욱 중시하는 것이다. 즉 정치적 정체성

---

71 J. H. Jin, "Digital Aboriginal 'Generation Z', 'Important Consumption Groups' of Telecommunications Products and Global Economy in the Future"(http://www.kidd.co.kr/news/205587).

72 H. S. Park, "A Study on the Characteristics of New Generation with Life Style : Focus on Generation Z", *The Journal of Humanities and Social science*, December 2016, pp.753~767(http://dx.doi.org/10.22143/HSS21.7.6.44).

73 「MZ의 대선」, 『뉴시스』, 2022.2.21(https://newsis.com/view/?id=NISX20220218_0001765009&cID=10201&pID=10200).

의 논리이다. 따라서 급변하는 국제 정세 속에서 자신의 일상
생활, 생존의 문제와 직결되지 않는 이상적인 목표보다는 현
재의 삶의 질을 우선시하는 경향이 크다.

가령 "통일은 반드시 온다", "통일세를 준비하자",[74] "통일
은 대박이다"[75]와 같이 대통령의 직접적인 발언을 통해 대중
의 지지와 공감을 얻으려는 시도가 이루어졌지만, 국가보다
개인의 만족과 자기표현을 보다 중시하는 젊은 세대에 있어
"통일세를 준비하자", "통일은 대박"은 곧 "내가 왜 '그들'을 위
해 통일세를 준비해야 하지?", "통일이 어떤 점에서 '나'에게
대박일까?"라는 물음표로 바뀔 수밖에 없었다. 비록 한반도
문제를 친근하게 인식할 수 있도록 직접적인 발언을 통해 소
통을 시도[76]하였다 하더라도, 결과적으로 사회문화 변동 속
에서 개인의 표현과 이익을 보다 중시하는 세대를 대상으로
불통을 초래한 것이다.

대만에서도 젊은 세대가 중국과의 통일보다는 대만 독립
과 그로 인한 자신들만의 정체성 확립에 더 큰 가치를 두고

---

74   행정안전부 대통령기록관, 「제65주년 광복절 경축사」, 2010.8.15(https://www.pa.go.kr/
      research/contents/speech/index.jsp).

75   「박근혜 대통령 신년 기자회견」, 『MBN뉴스』, 2014.1.6(https://mbn.co.kr/news/
      politics/1607578).

76   통일부, 『2015 통일백서』, 2015, 13~14쪽.

있다. 이들은 자유와 민주주의, 개인의 권리와 같은 탈물질주의적 가치를 중시한다. 그리고 중국 정부의 권위주의적 경향과 상반되는 가치를 지닌 독립된 대만을 선호한다. 즉 젊은 세대층에게는 대만인으로서의 자긍심과 독립성이 특히 중요하다는 것을 의미한다. 자기표현을 중시하는 그들에게 있어 국가적 사안에 대한 접근은 개인의 이익과 연결되지 않으면 결코 통하지 않는다. 그리고 표현의 자유를 억압하는 정치적 통제에 대한 논의를 촉발시킨다.

대만 가수들의 중국 본토 공연이 취소되는 사례들을 어렵지 않게 찾아볼 수 있다. 그중 영화 〈나의 소녀시대^{Our Time}〉2015의 OST를 부른 가수로 유명한 톈푸젠田馥甄이 낸시 펠로시 Nancy Pelosi 전 미국 하원의장이 대만을 방문했을 때 그녀의 SNS에 파스타 먹는 사진을 올리자, 이것이 21세기 홍위병으로 불리우는 중국의 샤오펀홍을 자극하며 논란이 일었다. 일부는 펠로시의 부모가 이탈리아인이라는 점을 들어, 펠로시의 대만 방문을 지지하는 표현으로 해석하였다. 이로 인해 양안 네티즌들 사이에서 격렬한 댓글 전쟁이 이어졌고, 중국 관영매체들은 대만 연예인들이 중국에서 수익을 창출하면서 동시에 대만 독립을 지지하는 것 또한 결코 용납하지 않겠다는 입장을 밝혔다.[77] 이 모든 갈등의 불씨는 단지 한 장의 파스타

사진에서 시작된 것이다.

'인식의 분화'라는 점에서 살펴보면, 한국과 대만 모두 젊은 세대를 중심으로 국가적 차원에서의 통합보다 개인의 자유와 권리를 중시하는 방향으로 나타나고 있다. 통일이나 통합보다는 독립적인 정체성을 중요시하는 경향이 강해진 것이다. 이러한 문화변동은 통일 또는 통합을 향한 국가적인 노력이 개인적 가치와 국제적 요구 사이에서 균형을 찾아야 함을 시사한다.

이러한 점에서 문화권력 관점에서 핵심적인 행위주체인 민중의 인식에 대한 이해를 심화해야 할 필요가 있다. 문화권력은 그 사회 내에서 다양한 가치, 신념, 그리고 표준이 어떻게 형성되고, 유지되며, 또 변화하는지를 이해하는 데 유용하고, 더 나아가 일상, 매체, 그리고 사회적 상호작용을 통해 강화되기 때문이다.

그리고 그 인식은 문화적 동질성과 이질성의 이중운동이라는 문화변동 속에서 같음과 다름이라는, 그 이중적 힘의 저울을 측량하는 데 중요한 역할을 한다. 따라서 같은 역사적

---

77 民視新聞網, 昔吃義大利麵遭控辱華! 田馥甄飛中國「嗨唱40分鐘」小粉紅氣炸, 2024.4.23(https://tw.news.yahoo.com/昔吃義大利麵遭控辱華-田馥甄飛中國-唱40分鐘-小粉紅氣炸-021553598.html).

경험과 문화적 배경을 공유하는 사람들 사이에서도 세대, 지역, 계층 등에 따라 생겨나는 다양한 차이를 인정하고, 이해하는 노력이 수반되어야 한다.

이처럼 문화권력으로서 민중이 갖는 인식상의 통일은 제도적 확립보다 훨씬 어렵다. 이 과제를 극복해 나가는 것이 앞으로의 동아시아 화해와 협력의 열쇠가 될 것이다.

역사적 유산과 현대적 도전
사이에서의 연결고리

'포스트제국의 통일정체성'은 탈식민지와 냉전체제 해체 하에 서로 대립하고 갈등하는 인류문화의 불완전성을 어떻게 극복할 것인가에 초점을 맞춘다. 이 책은 이 문제를 논의하기 위해 한국과 중국의 사례를 비교하여, 분단체제하에서 국가 의 정책과 민중의 인식 간 상호작용을 심도 있게 이해할 필요 성을 제시한다.

얼마 전 저자가 강의 중인 교과목 중 '통일외교안보의 이 해'를 듣는 수강생 중 한 명이 찾아와 말했다. "통일에 대한 무 관심이 기정화된 사실로 여겨지는 점이 잘 이해되지 않습니 다." 과제의 핵심 질문이 "왜 한국 사회에서 통일에 대한 무관 심한 태도가 확산되었는가?"인 데 대한 의문이었을 것이다. 그러더니 한 가지 부탁을 해주었다. "이번 한 학기 동안 제가 왜 통일 문제에 대해 생각해야 하는지 설득해 주세요." 이 학 생은 왜 통일을 해야 하는지 말해달라는 것이 아니라, 왜 통일 문제를 생각해야 하는지 알고자 하였다. 학생의 의식이 반가우면서도 큰 책임감을 느꼈다.

19세기 후반 한반도에서 중국이 영향력을 확장하기 위해 다른 열강세력들과 충돌하고, 일본은 청일전쟁에서 승리하며 동북아의 새로운 강자로 부상하였다. 그 이후 한반도를 둘러싼 열강들 간의 싸움은 일본의 한반도 지배로 이어졌고, 그렇게 뼈아픈 고통의 세월을 겪게 되었다. 그리고 태평양전쟁 종전 당시 한반도는 외세에 의해 대한민국과 조선민주주의인민공화국으로 분단되었다. 남북한이 서로 다른 길을 걸어오며 분단이 고착화되었고, 1980년대 후반부터 한국 사회는 민주화와 국제적 위상 제고에 따라 본격적으로 통일 문제를 논의하기 시작하였다.

이러한 역사적 사실에 따라 한국은 강대국 간 복잡한 이해관계로 인해 분단될 수밖에 없었던 민족을 다시 하나로 만드는 것을 '원래 모습으로의 복원'으로 여겼고, '우리의 소원은 통일, 꿈에도 소원은 통일'이라고 함께 노래 부르며 깊이 인식해 왔다. 그렇게 통일을 민족의 숙명으로 받아들이고, 당연한 책임으로 생각해 왔다.

대만은 1945년 일본 패망 이전까지 일본의 식민지였다가 카이로회담 이후 1945년부터 다시 중국 영토로 반환되었다.

그동안 국민당과 공산당 간 갈등 속 내전은 최고조에 이르렀고, 1949년 10월 1일 중화인민공화국 선포에 이르게 되며 분리되었다. 그 이후 대만 분쟁에 있어 미국의 개입이 교차함에 따라 대만은 미중 갈등의 중요한 이슈가 되었다. 그러는 동안 중국은 문화대혁명을 거치고, 미국은 베트남전을 치르며 양국 모두 새로운 책략을 구상해야 했다. 1970년대 초 미국과 중국은 핑퐁외교 등을 통한 데탕트시대가 열렸고, 이때 미국은 중화인민공화국을 중국의 유일한 정부로 인정해야 한다는 중국의 주장에 대해 두 개의 중국을 인정하지 않고, 대만독립운동을 지원하지 않을 것에 대한 동의를 하게 된다. 그렇게 미중관계가 국면적으로 정상화 되었지만, 대만 문제는 이전과는 다른 각도에서 전개되기 시작하였다. 중국은 대만의 본토 통합이라는 목표를 고수했고, 덩샤오핑에 의해 '일국양제'가 제기되며 필요에 따라 무력을 행사할 수 있음을 시사하며, 이 원칙은 지금까지도 이어져 오고 있다. 다양한 형태의 유연한 양안관계정책이 시도되었으나, 리덩후이가 총통직을 승계하면서 정치민주화에 대한 움직임이 본격화 되었다. 이와 함께 중국과 대만은 통일 문제를 두고 첨예한 갈등이 반복되고 있다. 중국에게 중화민족이자 중화인민공화국을 의미하는 '하나의 중국'을 강조하고, 대만은 '대만인으로서의 정체성'을 더욱 강조하고 있다.

이러한 흐름에서 중국은 제국주의 열강에 주권을 훼손당한 치욕의 역사를 되풀이하지 않겠다는 신념하에 '강한 국가로의 회복'을 염원하고, '원래 중화민족으로의 부흥'을 그들의 신성한 사명이자 확고한 목표로 삼으며 대만 독립을 부정하고 있다.

'정치적 정체성'은 국가 및 사회질서 변화에 영향을 미치는 중요한 요인이다. 왜냐하면 정치적 정체성은 본래 자신에게 이익이 되는 방향으로 인식하고 행동하려는 욕구가 높기 때문이다. 이 본질적인 특성에 의해 공동의 목표를 실현할 수도 있고, 그 반대가 될 수도 있다. 따라서 정치 지도자들은 정체성에 기초해 통일에 대한 정당성을 확보하고자 노력을 기울이고, 실제로 다양한 영역에서 나타나고 있다.

통일정체성은 통일 문제를 둘러싼 주요 정책결정자 및 그에 따른 구조적 환경과 민중의 다양한 인식들이 결합한 심리 또는 행위 표출이라 할 수 있다. 따라서 분단국이 통일 추진 과정에서 그 정당성을 확보하고, 동시에 민중의 자발적인 협력이 뒷받침된다면 정책의 효율성을 높인다. 그러나 만약 그 정당성이 공감과 지지를 얻지 못한다면 저항에 직면하게 되고, 이를 둘러싼 논쟁과 갈등이 심화된다.

앞에서 살펴본 통일정체성 분화 원인은 복합적이지만, 크게 세 개의 요인이다.

첫째, 신지정학 요인이다. 기존 영토 중심의 사고에 대한 저항에서 비롯되었다. 급변하는 시대적 맥락에 따라 통일 문제를 둘러싸고 '동일한 혈연', '다름에 대한 인정', '관용', '대화와 타협'에 대한 요구가 증대하면 할수록 상대를 '아웃그룹'으로 구분 짓고 배제하는 경향 역시 심화되고, 이러한 대립은 분열로 이어져 결국 통일정체성의 분화를 초래했다. 오늘날 세계화 및 정보화시대가 도래하면서 문화의 다양성과 개방성, 그리고 네트워크가 중요해졌다. 특히 정보통신기술의 혁신은 세계화를 촉진했을 뿐 아니라 소셜 미디어 기술의 확산으로 글로벌 네트워크가 형성되었다. 이에 따라 소셜 미디어를 핵심 매개로 하는 휴먼 네트워크가 형성된 것이다. 마뉴엘 카스텔Mannuel Castells은 이를 21세기 네트워크 사회로 규정하였고,[1] 비국가 행위자개인, 기업, 도시 등가 새로운 힘의 주체로 부상하였다.[2] 이에 따라 전통 지정학에 변화를 초래하고, 새로운 '정체성의 정치학politics of identity'이 전개되어 새로운 공동

---

1   Mannuel Castells, *Communication Power*, New york : Osford University Press, 2013.
2   Joseph S. Nye, Jr., *The Future of Power*, New York : Public Affairs, 2011.

체 형성을 촉진하였다. 즉 새로운 유형의 힘이 등장함에 따라 기존의 질서와 중첩적으로 작용하면서 '인그룹 대 아웃그룹'의 이중운동을 발생시켰다. 앞에서 언급한 바와 같이 세계화 발전에 따라 한 국가가 기술 또는 경제자원을 장악하지 못하거나 자국 민중이나 글로벌 시민들의 공감을 얻을 수 없다면 그 국가권력은 손실을 입게 된다는 주장을 문화권력 차원에서 재조명해 볼 수 있다.

둘째, 허무주의 요인이다. 기존 전통가치에 대한 저항에서 비롯되었다. '통일 = 난제', 또는 '통일 = 압박'이라는 인식이 점차 형성됨에 따라 통일 실현을 위한 노력이 무의미거나 불필요하게 느껴지고, 또는 거부감까지 느끼게 된 것이다. 따라서 통일을 현실적이고 비관적으로 바라보는 허무주의가 만연해지며 통일정체성이 분화된 것이다. 동아시아 사회가 세속화시대에 들어서면서 이전 전통 사회에서 추구하고 절대적 가치라 여기던 공동의 목표를 상실하고 이를 무의미하다고 여기게 된 것이다. 이 요인에 근거하면 오늘날 생존을 위한 경쟁과 갈등, 불안에 갇힌 채 점점 통일의 필요성에 대해 공감하거나 연대 의무를 느끼지 못하게 된 것이다. 1980년대 후반 정치민주화에 따른 "진정성Authenticity", 즉 사회적 요구에 따르지 않고 스스로의 내면이 요구하는 대로 본인을 표현했다면, 점점 국제질서의 변화와 함께 국내외 정치양극화 현상이 심화되었고, 결국 통일 문제를 둘러싸고 국론분열이 심화되었다.

셋째, 세대정체성 요인이다. 세대 연속성에 대한 저항에서 비롯되었다. '세대'는 사회 변화의 주체로서 통일에 대한 세대 간 가치관의 차이가 심화됨에 따라 통일정체성이 분화되었다. 모든 사회는 새로운 세대로 교체하면서 서로 다른 구조적 맥락의 영향을 받은 상호작용에 따라 다양한 변화를 일으킨다. 바로 이러한 변화의 핵심에 세대정체성 요인이 존재하는 것이다. '세대'는 각 시기별 연령 요인을 매개체로 같은 역사적 경험을 공유하는 사람들끼리 각기 다른 집단정체성을 형성하며, 계속해서 변화한다. 물론 동시대에 살고 있는 사람들이라 할지라도 각각의 개인의 주관적 인식은 다르기 때문에 명확한 세대 구분이 쉽지 않다는 사실을 인정할 수밖에 없다. 그럼에도 불구하고, "개인이 청소년기에 경험한 사건들이 축적되면서 이후 중요한 심리적 속성이 된다"[3]고 주장한 만하임Karl Manheim의 정의에 따르면, 세대별로 형성된 공통의 정

---

3   K. Mannheim, "The Sociological Problem of Generations," ed. Mannheim, k, *Essays on the Sociology of Knowledge*, New York : Routledge & Kegan, 1952.

체성과 유대감은 연속적인 개념으로서 문화 변동의 핵심이라 할 수 있다. 가령 젊은 세대일수록 본인과 밀접한 관련이 없는 문제에 대해서는 자발적으로 참여하지 않는 경향이 강하고, 이러한 인식 위에서 통일이 어떤 면에서 나에게 이익이 되는지, 또는 손해인지를 무엇보다도 중요하게 생각한다.

'통일정체성 분화'는 기존의 '동질성'이 강한 국가가 '인그룹 대 아웃그룹'의 범주화 속에서 배제본능이 커진 현상이라 규정할 수 있다. 이 같은 요인의 영향으로 기존 영토 중심 사고, 전통적 가치관, 세대연속성을 거부하며 상대를 '아웃그룹'으로 구분 짓는 정치적 정체성이 강해졌다. 이는 보수냐 진보냐를 구분하는 논리보다 더 본질적인 차원이다. 르낭Ernest Renan이 "하나의 자아는 항상 다른 자아와 대비되어 창조된다"[4]라고 말한 바와 같이 이는 하나의 민족／국가는 다른 민족／국가의 억압을 받을 때에 비로소 자기 자신을 인식하게 된다는 의미로 파생된다.[5] 지난 역사의 상흔에서 드러나듯이 포스트제국의 통일정체성은 '저항'에서 비롯된 것이라고 볼 수 있으며, '영토적 사고에 대한 저항', '기존 가치에 대한 저

---

4   에르네스트 르낭, 신행선 역, 『민족이란 무엇인가』, 책세상, 2002, 21~22쪽.

5   유시민, 『국가란 무엇인가』, 돌베개, 2017, 134쪽.

항', '세대 연속성에 대한 저항'으로 귀결된다. 포용성보다 배타성이 강한 작금의 현실에 비추어 보았을 때, 역사적 유산과 현대적 도전 사이에서의 연결고리를 찾아야 하는 이유가 바로 여기에 있다.